复旦大学新闻学院九十华诞"好学力行"丛书　　　　丛书主编：米博华

A BRIEF HISTORY OF
FUDAN JOURNALISM SCHOOL

复旦大学新闻学院简史

黄瑚　等　编著

本书撰写人：
黄瑚、陈媛媛、葛怡婷、赵星、杨舟、刘艺

中国出版集团　东方出版中心

图书在版编目（CIP）数据

复旦大学新闻学院简史/黄瑚等编著.-上海：
东方出版中心，2019.10
  ISBN 978-7-5473-1536-1

  I.①复… II.①黄… III.①复旦大学新闻学院-校
史 IV.①G649.285.1

中国版本图书馆CIP数据核字（2019）第214030号

复旦大学新闻学院简史

编 著 黄 瑚 等
责任编辑 赵 龙
封面设计 陈绿竞

- -

出版发行 东方出版中心
地 址 上海市仙霞路345号
邮政编码 200336
电 话 021-62417400
印 刷 者 昆山市亭林印刷有限责仕公司

开 本 890mm×1240mm 1/32
印 张 6
字 数 133千字
版 次 2019年10月第1版
印 次 2019年10月第1次印刷
定 价 38.50元

- -

目　录

第一章　复旦大学：中国新闻教育发源地之一（1924—1937 年）

第一节　中国新闻教育的兴起

早在中华民国建立前夕，中国新闻教育已被提上议事日程。1911 年 9 月 22 日，中国报界俱进会在北京召开第二次常会，首次提出创办报业学堂的议案："吾国报业之不发达，岂无故耶？其最大原因，则在无专门之人才。夫一国之中，所赖灌输文化，启牖知识、陶铸人才，其功不在教育下者，厥惟报业。乃不先养专才，欲起而与世界报业相抗衡，乌乎得？且报业之范围，固不仅在言论，凡交通、调查诸大端，悉包举于内，而为一国一社会之大机关。任大责重，岂能率尔操觚？吾国报业，方诸先进国，其幼稚殊不可讳。一访事，一编辑，一广告之布置，一发行之方法，在先进国均有良法寓其间，以博社会之欢迎。以故有报业学堂之设。不宁惟是，且有专家日求改良，以济其后焉。吾国报业，既未得根本上之根本筹画，欲求改良，果有何道？土广民广，既甲于世界，若就人口及地面为标准，以设报馆（先进国报馆取属人主义，满若干人口，应设报馆一；取属地主义者，有若干地面，应设报馆一），则尚邈乎其远。通埠虽稍有建设，而势尚式微。今后若谋进步，扩张之数，正未可量。而能胜此重负，几何不先有以养育之？仅此寥寥有数人才，流贯交通有数之地点，其有补于国家社会之处，固属有限。即对于各本业专学之前途，究如何以有操胜之权，亦未能必也。某也目光所及，拟于根本上改良，爰公司提议组织报业学堂，敬候公决。"① 时隔不久，这一提议因辛亥革命爆发而被搁置。

1918 年 10 月 14 日，北京大学新闻研究会建立，中国新闻教育由此开端。北京大学新闻学研究会是该校教授徐宝璜在得到校长蔡元培的支持与帮助下，"为灌输新闻智识培养新闻人才"②而创建，翌年改名为北京大学新闻学研究会，其研究内容为新闻之范围、新闻之采集、新闻之编辑、新闻之造题、新闻通信法、新闻纸与通信社（即通讯社）之组织等 6 项。该研究会会长由校长蔡元培兼任，实际主持会务的副会长为该会倡议人徐宝璜。徐宝璜（1894—1930），字伯轩，江西九江人。北京大学毕业后留学美国，在美国密歇根大学攻读新闻学和经济学，1916 年回国后任北京《晨报》编辑，不久后去北京大学任教授兼校长室秘书。1918 年与蔡元培等发起成立北京大学新闻学研究会，任副会长兼新闻学导师，主讲新闻学课程，主编会刊《新闻周刊》。1920 年后在北京各高校讲授新闻学，并任平民大学新闻系主任。1930 年因病去世，年仅 36 岁。所著《新闻学》为中国人自撰的第一本新闻学专著。北京大学新闻学研究会在创建过程中还得到了当时的著名报人邵飘萍的大力支持。邵飘萍（1886—1926），原名新成，又名镜清，后改名振青，字飘萍，浙江东阳人。1911

---

① 戈公振：《中国报学史》，中国新闻出版社，1985，第 212—213 页。
② 《北京大学日刊》，1918 年 7 月 4 日。

年辛亥革命后和杭辛斋合作在杭州创办《汉民日报》，开始新闻工作生涯。因反对袁世凯，三次被捕入狱。1914 年在日本东京学习，课余创建东京通信社。1915 年回国后任上海《申报》《时报》《时事新报》主笔，1916 年任《申报》驻京特派记者，同年在北京创办新闻编译社。1918 年创办《京报》并任社长，同时参与创办北京大学新闻学研究会。1919 年 8 月《京报》被军阀查封，被迫再度赴日本。1920 年秋回国，复刊《京报》并继续担任社长，兼任平民大学、法政大学教授。1925 年秘密加入中国共产党，次年 4 月 26 日被奉系军阀杀害。著有《实际应用新闻学》《新闻学总论》《综合研究各国社会思潮》《新俄国之研究》等。

北京大学新闻学研究会成立后，徐宝璜、邵飘萍任导师，徐讲授新闻学、报纸编辑，邵讲授采访学、评论写作，李大钊、高一涵等著名教授也曾应邀做专题演讲。该研究会虽校内外人员均可入会，但大多数会员为北大学生，会员费则校内外不等。1919 年 4 月 20 日，该研究会创办会刊《新闻周刊》，仅出版三期后停刊。1919 年 11 月 7 日，蔡元培为研究会导师徐宝璜的由授课讲义四次修订而成的教材《新闻学》作序；12 月 10 日，该书以北京大学新闻学研究会的名义出版，成为中国人撰写的第一本新闻学论著。1920 年 12 月，北京大学新闻学研究会停止活动。

中国新闻教育被正式纳入高等学校的教学与人才培养体系之内，则始于 1920 年。是年 9 月，上海圣约翰大学在普通文科内附设报学系。圣约翰大学报学系是中国高等学校中第一个开办的新闻学系，由美籍教授卜惠廉（W. A. S. Pott）提议创建，聘上海的英文《密勒氏评论报》主笔毕德生（D. D. Patterson）兼主其事。1924 年独立建系，初名报学系，后改名为新闻学系，由美国校董事会派武道（M. E. Votau）来华主持系务，课程设有新闻、编校、社论、广告、新闻学历史与原理等，均用英语授课，办有英文实习报纸《约大周刊》，毕业生授以文科学士学位。

之后，厦门的厦门大学，北平的平民大学、燕京大学、法政大学、国际大学等，上海的复旦大学、南方大学、国民大学等以及广州的中国新闻学校等高校的新闻学系科在 20 世纪 20 年代陆续创建。其中，厦门大学报学科创建于 1921 年，由著名爱国华侨陈嘉庚创办，为该校 8 个学科之一。1922 年冬聘请孙贵定为科主任，1923 年因发生反对校长风潮，9 名教授与全体学生离校而停办。在北平，平民大学新闻学系创建于 1923 年，聘北大教授徐宝璜任系主任，北京新闻通信社社长吴天生、《京报》社长邵飘萍等任教授，开设的课程有新闻学概论、新闻采集法、新闻编述法、广告学、新闻经营法、新闻评论法、新闻事业发达史、特别评论法（戏评书评）、出版法、采编实习、评论实习等；燕京大学新闻学系创建于 1924 年 8 月，美国人白瑞华（Roswell S. Britton）任系主任，课程设有新闻学原理、编辑、采访、写作、管理、印刷、照相等，1927 年因经费短缺而停办，1929 年夏复办，梁士纯任系主任，与美国密苏里大学新闻学院交换教授讲学，互派研究生，办有实习报纸《燕京新闻》（中、英文版）。在上海，南方大学报学系及报学专修科创建于 1925 年春，聘《申报》协理汪英宾任系主任，设有报学原理、广告原理、访事学等必修课程，由系主任汪英宾、《时报》总编辑戈公振等任教。

第二节　复旦大学新闻教育的发轫与
新闻学系的建立

复旦大学创建于 1905 年 9 月，创办人为马相伯，初名复旦公学，1917 年定名为复旦大学，校名取自《尚书大传·虞夏传》中"日月光华，旦复旦兮"一语，是中国第一所国人自主创办的高等院校。

1924 年，复旦大学国文部接受该部教授陈望道的倡议，创设"新闻学讲座"，复旦大学新闻教育由此起步。陈望道（1891—1977），原名参一，笔名佛突、雪帆等，浙江义乌人。早年留学日本东洋大学、早稻田大学等校，毕业于日本中央大学法科，获法学学士学位。回国后积极提倡新文化运动，任《新青年》编辑，翻译出版了《共产党宣言》第一个中文全译本。是中国共产党上海发起组成员，1921 年 7 月中共一大后当选中共上海地方委员会第一任书记，后离开共产党，1957 年重新入党。1927 年起应聘为复旦大学教授，曾任中文系主任等职。1931 年离开复旦大学，从事写作，任《文学》月刊编委等职。1939 年回复旦大学中文系任教授，后出任新闻学系主任。新中国成立后，出任复旦大学校长，曾任华东军政委员会文化教育委员会副主任兼文化部部长，全国人民代表大会第四届常务委员会委员，中国人民政治协商会议第三、第四届常务委员会委员，民盟中央第三届副主席等职。1955 年当选为中国科学院哲学社会科学学部委员。除了主持复旦大学新闻学系工作多年、为中国新闻教育做出巨大贡献外，在学术上毕生从事进步语文运动和语文科学的教学研究，建立了中国修辞学的科学体系，对哲学、伦理学、文艺理论、美学等均有很深的造诣，曾任《辞海》主编、上海市哲学社会科学联合会主席，著有《修辞学发凡》《文法简论》等论著。

"新闻学讲座"建立后，具有丰富的办报经验的国文部主任邵力子亲自讲授新闻学及现代政治课程，同时还聘请上海各大报社的记者、编辑、主笔等讲授其他新闻学课程。邵力子（1882—1967），原名景泰，字仲辉，号凤寿，浙江绍兴人。1905年入上海震旦公学求学，后转入复旦公学。1906年去日本留学，加入同盟会。1913年入复旦公学任国文教员，后任私立复旦大学中国文学科主任。1914年加入中华革命党，1916年参与创办《民国日报》，1919年发刊并主编《民国日报》副刊《觉悟》，1920年参加上海共产主义小组。1925年去广州，曾任黄埔军校政治部主任、国民革命军总司令部秘书长等职。1926年退出中国共产党。1928年后曾任陆海空军总司令部秘书长、甘肃省政府主席、陕西省政府主席、国民党中央宣传部部长、驻苏联大使等职，参与国共庐山会谈，主张国共合作。解放战争期间多次参加国共谈判，1949年4月国共和谈失败后留在北平，宣布脱离国民党政府。新中国成立后，曾任全国人大常委、政协常委、民革常委等职。

1925年，复旦大学开始酝酿创建新闻学系。是年8月25日，《申报》刊出题为《复旦大学新设新闻学系招生》的广告，内云："本大学为发扬中国文学，养成文坛作者起见，由行政院议决于本年秋季开办中国文学科，先设文艺系、教育系、新闻学系三系，入学试验注意国文，余详本大学招生广告。恐未周知，特此通告。"此外，11月，《申报》在《复旦中文科之发展》一文中也提及酝酿中的新闻学系："复旦大学鉴于近来世界各国文学思潮之进步，而国内各大学设专科以供需要，特于本学期增设中国文学一科，内分文艺、教育、新闻三系，造就专门人才，该科主任叶楚伧，教授刘大白、陈望道诸先生。"①

1926 年，刘大白继任复旦大学中国文学科主任。2 月，谢六逸被聘为中国文学科教授。谢六逸（1898—1945），贵州贵阳人。1917 年贵阳模范中学毕业后获官费资助留学日本早稻田大学，1922 年在日本早稻田大学毕业后回国，先在上海主编《文学旬刊》《儿童文学》等刊物，1926 年受聘为复旦大学中国文学科教授，并开始从事新闻教育工作之生涯，成为中国早期新闻教育的开拓者之一，著有教材《新闻学概论》《实用新闻学》《国外新闻事业》《新闻储藏研究》等论著。谢六逸来复旦大学任教后，认为日本学校的新闻教育很值得效仿，便向刘大白建议创设新闻学系。谢六逸认为，要普及教育，报章是首要的利器，可以改变社会的趋向。然而中国现在的新闻报道枯燥，编辑没有受过文艺的熏陶，只会促使人心堕落。因此，要以正确的文艺观念来规范新闻编辑，有必要开设新闻学系以培养新闻专业人才。刘大白采纳了他的意见，在文学科内新设新闻学组，由谢六逸主持。

1927 年，陈望道力主将新闻学组独立，自建新闻学系。1928 年，教育部借鉴资本主义国家的教育制度和管理方式，重新制定教育宗旨、政策及各项管理办法。据此，复旦大学自1929 年 9 月起在建制上做出重大改革，废除科的建制，新建文

① 马光仁：《上海近代新闻教育的发展》，载林克主编《上海研究论丛》，第 17 辑，上海人民出版社，2006，第 109 页。

学院等 5 个学院。中国文学科改建为中文系，陈望道任主任。原设在中国文学科内的新闻学组独立，并扩建为与中文系并列的一个新系，复旦大学新闻学系由此正式成立，由谢六逸任主任。

复旦大学新闻学系成立后，系主任谢六逸亲自拟定《复旦大学新闻学系简章》（简称《简章》），明确规定了学制、招生、培养目标、教育计划、课程设置、教学环节等重要内容。

《简章》在阐释办系宗旨时云："社会教育，有赖报章，然未受文艺陶冶之新闻记者，记事则枯燥无味，词章则迎合下流心理；于社会教育，了无关涉。本系之设，即在矫正斯弊，从事于文艺的新闻记者之养成，既示以正确之文艺观念；复导以新闻编辑之规则，庶几润泽报章，指导社会，言而有文，行而能远。"《简章》还明确宣称培养目标为"养成本国报纸编辑与经营人才"[1]。

课程体系是办学理念最为直接的外在体现。根据上述办系宗旨与人才培养目标，系主任谢六逸基于放眼世界、立足自主的原则，立即着手新闻学课程体系的建设。谢六逸认为："新闻学的知识与技能，是最活用的知识。别的课程与社会直接发生接触的机会比较少，只有研究新闻学的学生，他们几乎是完全浸润在实际社会生活里的。"[2] 因此，复旦大学新闻学系的课程设置，本着"灌输新闻学知识，使学生有正确的文艺观念及充分之文学技能，富有历史、政治、经济、社会与各种知识，而有指导社会之

---

[1] 《复旦大学新闻学系简章》，转引自秋阳：《谢六逸与复旦大学新闻学系的创办》，《新闻大学》1997 年秋季号。

[2] 谢六逸：《新闻教育的重要及其设施》，载自龙伟、任羽中、王晓安、何林、吴浩民主编《民国新闻教育史料选辑》，北京大学出版社，2010，第 26 页。

能力"的教学方针，十分注重理论与实践并重。健康、明快、机智、热情、常识和丰富的知识是新闻记者必备的素质，因而在课程设置上也注重培养学生上述几个方面的素养。

据保存至今的有关文献记载，谢六逸亲自制订的教学培养方案，学制规定为四年，学生须修满161个学分，所修读的课程计45门以上，可分为基础知识、专门知识、辅助知识、写作技巧、实习与考察五大类。第一类为基础知识课程，均为必修课程，包括中国文学、英语、第二外语、心理学、伦理学；第二类为专门知识课程，有报学概论、新闻编辑、新闻采访、报馆组织与管理、广告学、发行、照相术、绘画、印刷术等，计34门课程、89个学分；第三类为辅助知识课程，如政治学、经济学、历史、地理知识、外交概论、法学概论等，计9门课程、29个学分，并强调这些课程的讲授不能单纯传授某一门知识，应与报纸紧密结合，注重与报纸的关系；第四类为写作技巧课程，如评论练习、通讯练习、新闻写作、速记术、校对术等，计17门课程、41个学分；第五类为实习与考察课程，包括介绍学生到设备完备的报馆与通讯社实习和在学校自办的印刷所、校刊所等处实习[①]。新闻学系的学生，在一、二年级时主要修读第一类和第三类课程，间或去报社参观；在三、四年级，修读的课程转向专业性和实践性课程，增加专门知识、写作技巧的课程和校内外的实习时间，其中专业性课程大多由新闻界人士讲授。

由于谢六逸早年留学日本，对日本报业和新闻教育颇有了解，因而他在课程设置中十分注重向学生介绍国外新闻发展的情

---

① 谢六逸：《新闻教育的重要及其设施》，载自龙伟、任羽中、王晓安、何林、吴浩民主编《民国新闻教育史料选辑》，北京大学出版社，2010，第114页。

况。新闻学系的主要课程还包括欧美新闻事业、日本新闻事业和比较新闻学方面的课程。一是欧美新闻事业，一方面讲授欧洲各国新闻事业的概况，特别注重英、法、德、俄、意各国著名报纸的组织、编辑方针、言论倾向、在国际间的作用和经营推销的方法等基本情况，另一方面介绍美国各系报纸的渊源、组织、特性、编辑上的特点以及各著名报纸的近况。这门课程规定一学期修完，得 2 个学分。二是日本新闻事业，讲授日本新闻发展的路径，大阪、东京两地各大报馆的编辑、组织、业务、特质，并注重培养学生对各种报纸的阅览习惯；这门课程规定一学期修完，得 1 个学分。三是比较新闻学课程，研究国内报纸的缺点及优点，并与国外报纸做比较研究，促进我国报纸研究的改善。这门课程规定一学期修完，得 1 个学分。此外，为了突出中国新闻教育的特色，课程中还注重中国传统文化和历史。

在师资队伍建设方面，由于谢六逸在社会上享有很高的声誉，在新闻界广交朋友，因而复旦大学新闻学系同上海新闻界联系十分密切。自 1930 年起，谢六逸聘请到不少著名报人来新闻学系讲课，如《时报》总编辑戈公振、《时事新报》编辑黄天鹏、《新闻报》编辑郭步陶、《民报》编辑兼中央通讯社记者陈万里、《新闻报》印刷部主任章先梅、《文化建设》月刊主编樊仲云等，逐步形成专职教授与兼职教授并存的良好局面，基础课程由专任教师教学，专业课由具有丰富从业经验的报人教学，使学生能接受更为全面和与时俱进的知识，有效地落实了基础知识和专业知识两方面的教学计划，特别是有利于新闻学界与新闻业界的紧密联系，有利于培养更适合新闻机构的新闻人才，有利于促进新闻教育的快速发展。此外，新闻学系的专任教师也几乎全部去报社兼职。系主任谢六逸教授始终保持与新闻业界的密切联系，应邀主编过《立报》副刊《言林》(1935)、《国民月刊》(1937)。

令人欣喜的是，谢六逸一手制定的新闻学系教学大纲及其设置的课程体系，还得到了社会的认可。1931年，教育部聘请谢六逸主持制定大学新闻学系课程以及设备标准，作为国内各大学开设新闻学系课程的准绳。

在入学前的遴选考试和入学后的学习要求方面，新闻学系根据学校的有关规定，建有严格的教学管理制度。在当时，要考入复旦大学新闻学系并非易事。以1936年为例，入学考试科目包括：国文、英文、数学（代数、平面几何、三角）、公民及中外史地、理化（或生物）、口试。学生在校学习的教学要求十分严格。1920年修订的《复旦大学章程》就明确规定，学生的国文、英文、算学三科必须经考试及格后才可以升级，如果不及格或者缺考的，除非有非常正当的理由经本校升级审查会审定特许者，概不补考。其余的科目有不及格的，可以补考。设国文课程，旨在尊重国学，学校特设专部进行教授，学生要修完四年本科课程，才能授予大学文凭。对中、英文两门的考试制度也十分严格，发现作弊情况，试卷作废、学分取消且记过处分。为扩大学生的知识面，新闻学系学生虽然是文科生，但与其他文科生一样，必须选读一门理科课程。

这一时期，复旦大学新闻学系由于刚创建不久，因而毕业生人数不多，1930年毕业生为3人，至1935年毕业生已有51人。毕业生进入社会后大多服务于各大报馆和出版界。其中，服务于报馆与通讯社者33人，如陈鹏为《上海民报》记者、王德亮在

《中央日报》工作等；服务于出版事业者 4 人，如杜绍文任职于
杭州国立浙江大学出版部。此外，还有 3 人毕业后出国留学，如
张吾素、吴庭留学法国，项富春留学日本。

第三节　实践教学理念的形成与
学术研究活动的展开

根据谢六逸的建系构想，除了上述课程设置外，还包括设备
与计划两个部分。设备部分，是指建设新闻学系这一具有强烈的
实践品格的学科所必不可少的实践教学设备，包括日刊与通讯
社、印刷所以及新闻学研究室等。计划部分，则是设备的更新与
升级，包括新闻学系专用大楼、轮转印刷机、照片制版机等与业
界接轨的实验设备，以及新闻学研究室扩建为新闻学研究所等。
这些构想的提出，旨在培育复旦大学新闻学系成立之始就已确立
的实践教学理念，在国内新闻教育界领先一步开展新闻学术
研究。

一、实践教学理念的培育

实践教学理念的培育，主要表现在通讯社和报刊等教学实习
机构的建立。

复旦大学新闻学系的课程设置，内有实习与考察这一教学环
节：实习，包括介绍学生至设备完备之报馆及通讯社实习，或是
到学生自办的报刊、通讯社实习；考察，包括介绍学生到著名报
馆或通讯社参观，或率领学生赴国外考察新闻事业。

　　为了便于学生参加实习，特别是使学生的教学实习与日常的课程教学零距离相结合，新闻学系先后创建起复旦通讯社（后改名复新通讯社）、《复旦校刊》等，其编辑、营业和印刷等一切业务工作均在教授的指导下由学生分任。

　　复旦通讯社创办时间较早，1922 年学校迁到江湾后即已建立，1929 年 1 月通讯社原负责人陈复完成学业离校后，经李登辉校长召集的社务会议通过，至 3 月起由新闻学系学生马世淦、项富春等接办，分任采访、编辑等事务。1930 年，谢六逸提出扩充复旦通讯社的计划，要求复旦通讯社不仅继续先前的以传播校闻为职志、为学校服务，同时还要进一步兼为社会服务、为国家服务、为世界人民服务。其具体计划如下：① 切拔通讯①（代社会人士收集各方面资料）；② 学术通讯（介绍各国最新学术）；③ 国际消息通讯；④ 时事通讯；⑤ 与各国著名通讯社联络；⑥ 收集各国著名报馆宣传印刷品与各国报纸设立新闻博物馆于本校。自 1931 年起，经扩建的复旦通讯社改名为复新通讯社，作为新闻学系的教学实习机构，内分设计、编辑、采访、交际、校对五部，其工作人员均由学生担任，每天发稿两次，供上海、江苏、浙江等地各报发稿。复新通讯社发出的大部分稿件，都为上海等地的各大报馆所乐于采用。

　　之后，新闻学系还与中文系、英文系协作，创办《复旦校

────────────

① "切拔通讯"，指根据社会人士需要将新闻内容进行分类搜集并寄送的通讯。代社会人士搜集资料成为通讯社的一种营业项目，源于欧美和日本，"日本报馆视剪报与收藏图书照片并重，名曰'切拔'，并已有兼此为营业者，名曰切拔通讯社，其制度与欧美同，受定阅此项切拔之预嘱。譬如关于矿业者，即每期以此矿业之新闻切拔寄与定阅者，其于他业亦然，人咸称便。盖以报纸浩如烟海，安得举全国报纸而一一读之？有此切拔通信，则仅就我所欲读者读之可矣"。载戈公振：《中国报学史》，中国新闻出版社，1985，第 220 页。

刊》，先出版中文月报，后出版英文双周刊，均为四开报纸形式，在校内外发行，直到 1937 年夏停刊[①]。《复旦校刊》始创于 1915 年冬，年出两期，分中英文二部，但仅出了 8 期后即行停止，后又出过《年鉴》和《复旦季刊》，1926 年间出过《复旦新闻》（油印）和《复旦周刊》，均未能坚持出版下去。直至新闻学系成立后，以该系师生为主、中英文两系师生参与的《复旦校刊》不仅能坚持下去，而且还越办越好、办得有声有色。

此外，据杜绍文在《在母校求学时代之回忆》中所述，1928 年暑假，杜绍文与王德亮、马世淦等同学创办了《星火壁报》，与朱福增、王之平等同学创办了《短波无线电壁报》。至 1930 年间，复旦大学全校壁报达到十余种，进入学校新闻的黄金时代。这些壁报，不管是突发事件，还是新闻动态现象，或是事件的内在趋势，均向同学们做如实的反映与报道。

1934 年 9 月，新闻学系与校方共同集资，创办起复旦大学印刷所，承接校内外印刷业务，既可为印刷术教学提供实习场所，也有利于新闻学书刊的出版。该印刷所因系校方与本校师生合力投资而采用股份有限公司的形式。

二、学术研究活动的展开

谢六逸作为当时杰出的新闻教育家，还加强学科建设，积极推进新闻学术活动的开展，使复旦大学新闻学系在创建不久后即实现了教学与科研的初步结合。

新闻学系的教授们一边教学一边研究，往往一门课程教完，

---

① 重庆抗战丛书编纂委员会：《抗战时期重庆的新闻界》，重庆出版社，1995，第 129 页。

一本教材或论著也接着出版了。在谢六逸的引领下，复旦大学新闻学系的科研活动顺利开展，其研究范围不断得到扩展，取得了一批新成果，促进了中国新闻学研究的长足发展。这一时期，复旦大学新闻学系师生撰写、出版的新闻学专著，有谢六逸的《新闻教育之重要及其设施》以及毕业生陶良鹤的《最新应用新闻学》、郭箴一的《上海报纸改革论》、杜绍文的《新闻政策》等①。《上海报纸改革论》和《新闻政策》是郭箴一与杜绍文根据系主任谢六逸的建议分别撰写的本科毕业论文，其中《新闻政策》还填补了中国新闻政策研究的空白。这两篇毕业论文后经修改被列入复旦大学新闻学会丛书由上海光华书局出版，谢六逸还为《上海报纸改革论》一书亲笔作序。

1930 年，黄天鹏和郭步陶两位著名报人应聘来复旦大学新闻学系任教，执教之余也积极从事新闻学术研究工作。黄天鹏（1909—1992），名鹏，字天鹏，广东普宁人。1926 年发起成立北京新闻学会，主编会刊《新闻学刊》。1928 年主编北京《全民日报》专刊《新闻周刊》。后去上海任《申报》主笔，同时将《新闻学刊》改组为《报学杂志》在上海出版。1929 年留学日本早稻田大学，1930 年回沪，入《时事新报》工作，并任复旦大学、沪江大学新闻系教授。抗日战争全面爆发后，曾任重庆《时事新报》经理、"重庆各报联合版"经理、中央政治学校教授。1949 年去台湾，从事新闻教育工作，主编《宪政时代》杂志。黄天鹏担任复旦大学新闻学系教授后，除了教学外，还积极从事学术研究工作，将报纸、杂志和新闻学刊物上的新闻学论文收集

---

① 李建新：《中国新闻教育流变论》，华中科技大学 2002 年博士学位论文。

起来，编辑为《新闻学名论集》《新闻学刊全集》《新闻学论文集》《报学丛刊》《新闻学演讲集》等新闻论集出版，还亲自编撰《中国新闻事业》《新闻文学概论》《怎样做一个新闻记者》等新闻学著作并先后付梓。郭步陶（1879—1962），原名成爽，后改名惜，字步陶，别署景卢，四川隆昌人。1911 年入《申报》任编辑，1917 年入《新闻报》任编辑主任、主笔。1930 年起在复旦大学新闻学系任教。1937 年 12 月后因《新闻报》接受日军新闻检查而辞职，转赴香港，任《申报》（香港版）和《星岛日报》主笔，1938 年任《星岛晚报》主编。1939 年 4 月，在香港参与创建中国新闻学院并任院长。香港沦陷后回湖南永兴县教学。抗战胜利后回上海，在《新闻报》任职，同时任教于复旦大学。1949 年辞职回隆昌老家，新中国成立后任隆昌县政协委员、四川省文史馆研究员等职，后迁居鞍山，任辽宁省文史馆研究员。郭步陶在复旦大学新闻学系任教期间，担任"评论练习"课程教授，并撰写了《编辑与评论》一书，谢六逸为之作序，1933 年由上海商务印书馆出版，为中国第一本有关编辑与评论的专著。后又有专著《时事评论作法》等问世。

1930 年，复旦人学新闻学系率先建立新闻学研究室，是该系加强学科建设的一个重要举措，开国内高校新闻学系科设立新闻学研究室之先河。该研究室分陈列部、图书部、学术部、实习部、调查部五部，设立在校内的随公堂，收藏有国内外报纸、杂志及图书。凡有历史价值的报纸或资料均妥善保存，并备有教授上课所需的教学模型。黄天鹏教授为研究室主任，负责收集、保存和陈列国内外报刊、新闻学著作，组织老师和学生开展新闻学术研究活动。新闻学系需要设立新闻研究室，正如大学需要设立图书馆、化学系需要设立化学实验室一样。黄天鹏后来阐述过此事的缘起与经过:"我到复旦教书,向校方提出设新闻研究室的建议,很快就得到校务会议通过和全力支持。要我立帅筹备,聘我兼室主任。最初的规模并不完备,渐次充实,渐次接近理想。复旦是私立,经费相当紧,但复旦有一种特立独行的传统,师生有共同奋斗的精神,遇有困难,总能克服困难。如非迭经兵燹,这个新闻研究室的成绩必灿然可观。"[①]

此外,新闻学系师生还组织复旦大学新闻学会,出版会刊《新闻世界》(1930年,半月刊)、《明日的新闻》(1931年)、《新闻学期刊》(1934年)等。

第四节　世界报纸展览会:早期中国新闻教育史上的创举

实践教学理念的培育与学术研究活动的展开,使复旦大学新闻学系的教学质量与社会声誉迅速上升。

1935年,在复旦大学建校30周年校庆之时,复旦大学新闻学系成功举办首届世界报纸展览会,在当时引起了巨大的轰动。世界报纸展览会的举办,不仅是复旦大学新闻学系培育实践教学理念、开展学术研究活动的一大成果,而且更重要的还是早期中国新闻教育史上的一大创举。这次世界报纸展览会的举办,检阅了当时中国新闻教育的成就,对于提高中国新闻教育的社会地位

---

① 黄天鹏:《新闻学演讲集》,上海现代书局,1931,第14页。

具有重要的意义。

复旦大学新闻学系筹办这次世界报纸展览会的时代背景是：1931年"九一八"事变后，中国新闻界积极参与并宣传抗日救亡运动。1931年12月13日，镇江《江声日报》经理兼总编辑刘煜生，以镇江各界民众代表请愿团团长的身份，率领百人赴南京向国民政府请愿。1932年7月26日，江苏省政府以"宣传共党，意欲颠覆政府"的罪名将刘煜生逮捕，1933年1月21日将刘煜生处决。刘煜生遇难后，立即激起了新闻界及其他各界民众的公愤，争取"开放言论、保障人权"的呼声席卷全国。迫于社会舆论的压力，南京国民政府行政院在9月1日发出《切实保障新闻从业人员》的通令。1934年8月，杭州新闻记者公会通电倡议，全国各地新闻界响应，公定9月1日为中国记者节，同时还议决在1935年首届记者节期间举办一次盛大的全国报纸展览会。

这一建议，立即得到了谢六逸、郭步陶等复旦大学新闻学系同人以及马星野、项士元等新闻界人士的响应与支持。谢六逸还力促此事在复旦大学新闻学系举办。为此，复旦大学新闻学系成立了世界报纸展览会筹备会，复旦大学校长李登辉为筹备会长，新闻学系主任谢六逸为副会长。在谢六逸的主持下，全系师生立即全力以赴地投身于世界报纸展览会的筹办工作之中，其中由谢六逸组织和指导的新闻学系四年级学生舒宗侨、唐克明、夏仁麟、盛澄世、盛维繁等在筹办工作中发挥了骨干作用。

由于只有一年的时间，工作量又十分庞大，因此很多师生在筹办过程中多日不眠不休。先是调查世界报纸，尽可能搜集各国资料。然后发信征求，没有回音的会写信去催，希望尽可能多地搜集资料。收到资料后立即做整理、编目工作。这次报纸展览活动，先是在杭州举办。在杭州报纸展览会期间，复旦大学新闻学系特派盛澄世前去联系与进行布置会展、安排展品陈列等工作。杭州报纸展览会结束后，新闻学系师生又将全部展品运回上海江湾，于10月7日起在复旦大学举办首届世界报纸展览会，在为时一周的展出期间，参观者达1万多人次。

这次世界报纸展览会，内容分为四个部分：① 新闻教育展览馆，陈列品为统计表格、通讯稿、照片等，而本国的有历史价值的珍贵的报纸亦列在此室内；② 本国报纸部；③ 外国报纸部；④ 印刷电讯机器展览部。这次世界报纸展览会，展出全国早期、近期报刊近1 500种，其中除近期日报、晚报、期刊、画报、文艺小报、号外及特刊外，还有报刊合订本、新闻学书籍和各报与新闻记者公会送来的图表等，其中珍品包括：全张装裱的1872年4月30日《申报》创刊号以及该报的每月合订本20余册，1884年的《点石斋画报》，1898年的香港《华字日报》，1880年的香港《循环日报》，1896年的《时务报》3册，1901年的《新民丛报》10余册，1904年的《清议报》1册，1903年《神州日报》及画刊多份，《浙江潮》30余册，1898年的《昌言报》1册，1895年由项藻馨创办的《杭州白话报》20余本，清末《京报》若干。此外，还展出外国报纸500种，有英、美、日、德等国大报，不少展品是直接从外国征集来的，包括1833年出版的美国《太阳报》创刊号。对邵飘萍、史量才等献身于新闻事业的杰出人物，这次报纸展览会也予以专题介绍，展出他们的传略和照片。在展览会的印刷电讯机器展览部，陈列从在沪外国印刷商处借来的多种新型的铸字、排字、印刷机器，并且当场进行操作表演①。在展览会上，统计图表甚多，均是复旦大学新闻学系学生绘制的，其中"民国二十四年（1935 年）四月三十日上海各报软硬性新闻比较表"一幅尤为观众所称誉。

在布展形式上，地处相伯图书馆前的展览会大门外，竖立着一块醒目的大图板，标明这次展览会的主要内容；从大门进去，向左可以看到墙壁上挂有富有各国情调的画片，再往前右转后，先是英国杂志，接着是印度、美国、苏联的杂志。国内报纸在一个分部中独立展出，包括福建、广东、广西、云南、湖南、贵州、江西、湖北、四川、江苏等各省出版的报纸。接着是新闻学系本系毕业生及校友所办刊物及其他新闻教育机关办的刊物，包括关于新闻学的期刊与副刊。

会后，复旦大学新闻学系将这次展览会的有关资料汇集成册，题名《世界报纸展览会纪念专辑》，1936 年 1 月公开出版②。这本纪念专辑，保留下了这次报展的主要内容，通过图片让人们了解报纸产生的全过程，包括采访、编辑、印刷等不同步骤；领略不同国度各具特色的新闻业。此外，这本纪念专辑还刊载了一批反映当时新闻教育和研究成果的学术论文，如谢六逸的《日本的新闻事业》、成舍我的《三种报纸的出路》、马星野的《新闻职业与新闻教育》、陈康和的《改善地方报纸的商榷》、高明德的《怎样应付国际宣传战》、陈珍干的《新闻文学的产生及其任务》、胡伯洲的《新闻摄影》、谢小鲁的《新闻与广告之理论观》等 17 篇，收入了《谈荟》栏目中的汪远涵的《中国报业的出路》、李

---

① 李建新：《中国新闻教育流变论》，华中科技大学 2002 年博士学位论文，第 103 页。
② 钟韵玉、樊迪民：《记者节和全国报展》，载中国社会科学院新闻研究编辑室主编《新闻研究资料·第二十辑》，中国社会科学出版社，1983，第 238 页。

家禄的《谈谈小型报》、杜绍文的《我国报业的新路》等 8 篇
文章①。

关于这次世界报纸展览会的筹办原因，谢六逸在他撰写的
《发刊词》中阐述：① 世界各国报业高速度发展，中国报界应该
眼光长远，互相交流学习；② 我国报业历史较长，丰富的报纸
富有历史的价值，报业前辈的精彩言论也可鼓励现在的事业和唤
起研究精神；③ 我国在海外以及各省办的报纸数量很多，但平
日接触机会较少，收集陈列在一起能比较观摩；④ 一般民众对
于报纸制作的过程，或印刷机器的进化与应用，在平时不易得到
参观的机会，可以借此机会让民众了解各种印刷机器的形式与效
用；⑤ 新闻教育与报业应该合作，合作的初步就是主持新闻教
育的人与研究新闻学的学生，诚心为报业服务，而报业经营者对
于研究新闻学的机关也应该尽量辅助。

谢六逸阐述的这几点原因，反映了谢六逸对新闻教育的理解
与认识，即谢六逸的新闻教育思想。第一，要注重与外界的交流
学习，加强实践锻炼。他认为："新闻学的知识与技能，是最活
用的知识。别的课程与社会直接发生接触的机会比较少，只有研
究新闻学的学生，他们几乎是完全浸润在实际社会生活里的。"②
因此在课程设置上，将实习与考察列入其中。比如介绍学生到设
备完备的报馆、通讯社实习，辅以本系老师的指导，或是到校园
内学生自办的报纸锻炼。考察包括带领学生到著名报馆或通讯社
参观，甚至率领学生赴国外考察新闻事业。第二，注重培养媒介

① 秋阳：《谢六逸评传》，贵州民族出版社，1997，第 235 页。
② 谢六逸：《新闻教育的重要及其设施》，载龙伟、任羽中、王晓安、何林、吴浩民
主编《民国新闻教育史料选辑》，北京大学出版社，2010，第 26 页。

素养和学生的新闻道德。谢六逸认为新闻即史，他要求新闻学系的学生必须具备史德、史才、史识三方面良好的素质，才能成为一名合格的新闻记者，"近代的报纸是一所极大的文化大学，它的学生就是全社会的民众。报纸是将非特定的知识与问题，教授给非特定的学生"。他认为文明人是没有一天不读报的，因此报纸对于社会各阶层，是重要的食粮。正因如此，报纸更要注重自身的社会教育和扬善的作用，不能将报纸托付在"江湖文盲"手中，同时要培养读者对于社会认识的正确性，在新闻教育中要更为注重提升学生的新闻道德素养。记者必须本着实事求是、大公无私的态度褒善贬恶，不可颠倒黑白，指鹿为马。如果新闻记者为了迎合少数读者的低级趣味，对某些细节极力描摹刻画，欺骗夸张，报纸将变成罪恶的课本，非但不能去奸除凶，反而使为非者得到参考，这是记者道德的堕落。此外，虽然没有正式提出"媒介素养"这一概念，但他已经对此有所认识。谢六逸先生认为，看报就是看社会。一个人的能力是有限的，需要通过报纸来看鲜明的社会缩图。报纸是儿童教育、家庭教育、学校教育和社会教育的利器。他认为，一般的大道理、大道德，很容易被人拒绝于千里之外，但一经报纸滤过，则道德就不难普遍民众化了。因此，"要想把知识普通民众化，没有比报纸更大更适宜的机关了"[①]。

---

① 谢六逸：《新闻教育的重要及其设施》，载龙伟、任羽中、王晓安、何林、吴浩民主编《民国新闻教育史料选辑》，北京大学出版社，2010，第 25 页。

第二章　历尽艰险，打造"天下记者家"（1937—1949 年）

第一节　西迁重庆，在战火中坚持办学

1937 至 1949 年，复旦大学新闻学系的发展始终与硝烟炮火相伴随，留下了深深的战争烙印。但是，复旦大学新闻学系面对动荡的社会环境，历尽艰难困苦，在事业上不断向前发展，在与业界不断碰撞、对现实不断回应中积累下了深厚的新闻教育经验，锻炼造就出一批批优秀的新闻人才，复旦大学新闻学系被誉为"天下记者家"。

1937 年 7 月全面抗战开始后，新闻学系与复旦大学其他院系的一部分师生，为了寻找一块能够安心教学的土地而向内地迁移，历尽艰难，于 1937 年 12 月底辗转抵达中国战时首都重庆。

但是，此时的新闻学系师生面临着重重困难，首先是校园无着落。1937 年 12 月底新闻学系与复旦大学其他院系部分师生刚抵达重庆时，正值当地中学已经放假，因而复旦大学师生不顾长途跋涉之劳苦，立即借用位于重庆菜园坝的复旦中学校舍复学。之后，已在重庆工作的复旦大学校友出手相援，帮助复旦大学师

生在重庆郊外的北碚黄桷镇找到了自己的战时校园。1938 年秋，重庆复旦中学在化龙桥建成新校舍，菜园坝校址空出。考虑到新闻学系在重庆市区比较容易聘请教师，也便于教学实习，当时在重庆主持复旦大学校务的吴南轩副校长将新闻学系迁回菜园坝办学。至 1939 年 5 月，由于敌机对重庆市区狂轰滥炸，造成数以万计的平民死于空难，新闻学系师生为安全计只得迁回北碚黄桷镇①。后为聘请教授的方便，新闻学系三、四年级同学又迁往重庆化龙桥上课。1939 年 10 月，在化龙桥学习的新闻学系四年级全体学生曾写信给主持校务的吴南轩副校长，反映当时在教室、宿舍和书籍方面的困难，言语间充满对学习条件改善的殷切期盼。

除了校舍外，因战争而造成的师资流失，是复旦大学新闻学系在重庆办学面临的另一个大难题。1937 年 11 月，上海被日本人占领后，新闻学系主任谢六逸先去香港，后回贵阳老家，1938 年春，谢六逸来到重庆主持新闻学系的工作。当时，新闻学系学生已增至 40 人左右，专业课开设了"新闻学概论""新闻纪事写作""新闻编辑""新闻采访""评论写作""通讯写作"等，并将黄桷镇小学楼上中间小教室改为新闻研究室，恢复新闻学研究工作，由几个高年级学生沈善铉、杨先凯等人继续负责。由于在当地找不到合格的兼职教师，谢六逸就一手包办了高年级学生的专业课程。由于战时的原因，客观条件有限，因此师生朝夕相处，在情感上亲如家人。

在此期间，谢六逸新闻教育思想顺应战时之需，有了新的发

---

① 复旦大学校史编写组：《复旦大学志（1905—1949）》（第一卷），复旦大学出版社，1985，第 155 页。

展，提出了一些新的观点。谢六逸认为，新闻学系应实行"大报与地方报并重"的人才培养方针。以前在上海办系，着重培养大报的编、采、经营管理人才，很少注意地方小报。当下，为适应战时环境及后方区、县的需要，新闻学系在给大报、大通讯社继续培养输送人才的同时，还要向地方的小报、期刊方向下功夫，为地方报刊服务[①]。为使学生获取更多实践经验，同时也为了促进地方报纸发展、推动乡村建设工作，新闻学系与《嘉陵江日报》签订合作协议，《嘉陵江日报》为新闻学系提供实习基地，新闻学系帮助《嘉陵江日报》拟订改版计划，谢六逸指定一部分学生各自为《嘉陵江日报》设计一套四开版的版面，以备选用。其中，学生张正宜的版面设计以《立报》为样本，着重突出地方报的乡土特色，包括两个副刊，专载小言论和小品文[②]。双方合作的根本目的，在于促进地方报纸发展，推动乡村建设工作。根据协议的有关规定，为提高日报工作效率，报社分设管理、编辑、采访、发行、广告、印刷等，除了原在职人员以外，由报社选派新闻学系高年级学生到报馆实习。报社在职人员如果想到新闻学系听课，系方也予以配合。之后，谢六逸带领全系学生到《嘉陵江日报》参观，与报纸工作人员座谈。在新闻学系师生的帮助下，该报由一份"沉闷的报纸改版为崭新的地方报"。新闻学系学生还搜集了嘉陵三峡各方面的状况，写成通讯稿件，报道嘉陵江乡村实验建设者埋头苦干的事迹，为地方做宣传。

1938 年初，国民党当局通过并颁布《抗战建国纲领》，并据此制定与颁布了《战时各级教育实施方案纲要》《全国各级学校

---

① 秋阳：《谢六逸评传》，贵州民族出版社，1997，第 323 页。
② 同上。

学生社会服务实施办法大纲》《战时各级学校学年、学期、假期及利用假期服务进修暂行办法》等文件，要求学生在假期就社会教育、民众宣传、生活指导、艺术传播、社会调查和实习、地方自治、协理卫生等各方面，有选择地从事义务性服务。谢六逸认为，大学生参加社会服务活动，有利于大学与社会紧密联系，并可锻炼学生的实践能力和服务社会的精神。因此，谢六逸亲自筹办与组织"复旦大学新闻学系流动采访团"，拟沿成渝公路一线进行采访写作。他写信给中央通讯社成都分社的朋友，这位毕业于新闻学系的系友表示愿意协助这次采访。他还写信给四川公路局并得到了支持。复旦大学现存档案中还有当年四川公路局回复谢六逸《为本校新闻采访团前往成都拟请优待》的公函，内云："贵校新闻学系学生朱经冶等七人，为参观新闻事业，实习采访技术起见，特组新闻采访团赴蓉考察，往返车票，按五折发售。"此后，学生张正宜还起草了一份《复旦大学新闻学系流动采访团告各界人士书》。可惜的是，由于学校经费困难，此次采访计划最后未能实行，但整个筹办过程充分体现出谢六逸此时已深刻认识到大学生参加社会服务活动的重要意义。

这一时期，复旦大学新闻学系还根据当时国民政府教育部的精神，重新修订了课程体系。1938 年，国民政府教育部制定与颁布了《文理法三学院各学系课程整理办法草案》，提出了"三条原则"和"九个要点"。"三条原则"是：一、规定统一标准。先从规定必修科目入手，选修科目暂不完全确定，仍留各校斟酌变通的余地。这种规定不仅在于提高一般大学生的水平，也是为了与国家建设的政策相吻合。二、注重基本训练。先注意学术广博基础的培养，文理法各种基本科目为共同必修课，以求合于由

博返约之道，使学生不因专门的研究而有偏科之弊。三、注重精
要科目。一般大学科目的设置，力求统整与集中，使学生对于一
种学科的精要科目能充分学习、融会贯通，琐细科目一律删除。
"九个要点"包括：大学第一学年注重基本科目，不分学系，第
二学年起分系，第三、第四学年按各院系性质酌设实用科目，以
为就业准备；国文、外国文是基本工具科目，第一学年结束时进
行严格考试，及格标准是国文须能阅读古文书籍和写通顺文章，
外国文须能阅读专业参考书；采用学年兼学分制；注重自习、讨
论、习作、实验及科研；等等。

根据教育部的规定，复旦大学于 1938 年 9 月召开第一次课
程会议，公布了各院系共同的必修科目，并于 1938 年秋季颁布
新的课程规定，采用学分学年制。据此规定，新闻学系第一学年
需修满 40 学分（上半年 20 学分，下半年 20 学分），第二学年 36
学分（上半年 18 学分，下半年 18 学分），第三学年 36 学分（上
半年 18 学分，下半年 18 学分），第四学年 30 学分（上半年 15
学分，下半年 15 学分）。1938 年春季以后入学的，至少要修完
150 学分。1938 年秋季以后入学的，至少要修满 132 学分，学制
四年。每个学期每周上课一小时算一学分，实习三小时算一学
分。必修科目参照教育部的规定，基本在一、二年级修完，包括
国文、外国文、中国通史、西洋通史、伦理学，每两周要做一次
国文作文和外国文作文；哲学概论和科学概论任选其一，数学及
自然科学类物理、生物、地理、生理、化学中任选其一，社会科
学类社会学、政治学、经济学任选两种。此外，三民主义、体育
和军训也被列为必修课程，不计入学分。根据这一改革方案的规
定，文科类学生需要选修数学和自然科学类的课程，有利于培养

多学科知识，扩大学生的视野。作为课程改革重点的学分学年制，既规定了学习的年限，学制为四年，有统一的整体教学计划，便于管理学生；又规定了必修科目和选修科目，利于学生根据自己的兴趣、特长和学习情况灵活选择课程、调整学习进度。

但是，谢六逸在重庆主持新闻学系工作仅半年，之后离开重庆返回贵阳老家，永远离开了他一手创建的新闻学系。之后，复旦大学新闻学系一度处于群龙无首之境地。这时，国民党中央机关报《中央日报》社社长程沧波应当时主持复旦大学校务的吴南轩之邀，出任复旦大学新闻学系教授，后又兼任系主任，为新闻学系的发展，特别是在艰苦条件下转危为安、坚持办学，做出了不可磨灭的贡献。程沧波（1903—1990），名中行，笔名沧波，江苏武进人。1917 年赴上海就读于南洋中学，后考入圣约翰大学，1925 年 2 月转入复旦大学文学院政治学系，1926 年 7 月毕业，同年 9 月至 1927 年 1 月留校任政治学系助教①，之后出任上海《时事新报》总主笔。1930 年赴英国留学，在伦敦大学政治经济学院读研究生。1932 年国民党中央机关报《中央日报》改行社长负责制，出任改制后的《中央日报》首任社长。1937 年 7 月中旬，为蒋介石草拟著名抗战文告《对卢沟桥事件之严正声明》。同年 10 月底奉派去欧洲考察，1938 年 5 月回重庆后继续担任《中央日报》总社社长，创办《中央日报》重庆版（1938 年 9 月 1 日发刊），1939 年秋改任国民政府监察院秘书长，1941 年 9 月被国民党中央派往香港担任《星岛日报》总主笔。1941 年 12 月太平洋战争爆发前回重庆，与成舍我等人合作组织中国

---

① 《复旦大学校友调查表》（1939 年），复旦大学档案馆藏。

新闻公司，任重庆《世界日报》任总主笔。抗战胜利后回上海接管《新闻报》，任社长。1949 年去香港，1951 年去台湾。著有《时论集》《沧波文选》等。

程沧波任职复旦大学新闻学系，除了出于他的复旦大学情结以及与吴南轩的私人交情外，更有他对当时新闻界现状的不满而急欲改造之的内在动力。他虽是国民党中央的宣传要员，但同时是一位有新闻理想的职业报人，有其精神上的追求。早在1935 年，他就在《中央日报》上发表社论《一个初步的根本办法》，大胆批评新闻界现状："这几年来报纸上告诉人民的，有多少关于国家安危的记载？这几年来，报纸上有没有把一件件严重的关系国家安危事件，原原本本详细告诉过国民？""谁使我们的报纸，弄到这步田地？这是不合理的新闻政策及不合理的新闻检查制度所造成的。"他进而呼吁"政府赶快改变新闻政策"，"凡是关于危害国家的阴谋、举动及人物，毒害政治或纲纪之各种事实及行为，人民爱国行为之表示及举动，尤其是外国报纸的各种批评及确为事实的记载，应该一律准许本国的报纸登载"[①]。

程沧波加盟复旦大学始于 1938 年下半年。是年夏，他应邀出席复旦大学在重庆北碚举行的第一次毕业典礼并做有关欧洲国际形势的演讲。1938 年 11 月 1 日起，他被聘为复旦大学教授，1939 年 4 月 1 日起被聘为文学院新闻学系主任。他主持新闻学系工作后做的第一件事，就是利用其名望与地位聘请到赵敏恒、曹亨闻等一批新闻界著名人士担任教职，为新闻学系重建起一支

---

① 《中央日报》，1935 年 11 月 28 日。

具有很强实力的师资队伍，使学生在艰难的战争年代仍能得到名师的教导，使复旦大学新闻学系的教学质量在战时得到较大幅度的提升。

在程沧波延聘的名师中，首屈一指的是时任路透社重庆分社社长的著名记者赵敏恒。赵敏恒（1904—1961），江苏南京人，1915 年考入北京清华学堂，1923 年毕业后获官费留学美国，先后在科罗拉多大学文学院、密苏里大学新闻学院、哥伦比亚大学新闻学院学习，1925 年获哥伦比亚大学新闻学硕士学位，后在纽约一家通讯社工作，1927 年回国后在北平担任英文《导报》副总编辑，1928 年起担任英国路透社驻南京特派记者，后一路升任至路透社中国分社社长，还兼任过美、英、日等国 7 家新闻机构的在华特派记者，曾率先向世界报道"九一八"事变后李顿调查团报告书内容、西安事变和开罗会议等重大历史事件，名闻中外新闻界。据《复旦大学教员聘约存根》记载，赵敏恒自 1939 年 4 月 1 日起被聘为"复旦大学文学院新闻学系兼任教授"，先后主讲"新闻英语写作""采访学"等课程，"每周授课三小时，每小时薪金四元"[1]。但他从未领取过这笔薪金，而是"每学期捐助给新闻学系作购书之用"[2]，或用于资助贫寒学生。赵敏恒乐于无偿兼任新闻学系教授，最初是应程沧波之邀而友情出场，但后来则出于其对新闻教育工作的挚爱和对学生的深情厚谊而欲罢不能。赵敏恒在《采访十五年》中说，他"一向对新闻学校没多大好感"，"到重庆不久，复旦大学新闻学系主任程沧波先生约我教英文新闻写作……最初打算只教

[1] 《复旦大学教员聘约存根》，复旦大学档案馆藏。
[2] 《程沧波致李炳焕函》（1941 年 3 月 22 日），复旦大学档案馆藏。

一学期，想不到后来竟不但撒不了手，反对于一般新闻学校学生，发生极深厚的感情"。"在重庆几年和中央政治学校和复旦大学新闻班系学生的接触，是令我最感觉愉快的一件事。"① 在教学方法上，赵敏恒认为"上课方式，最好改作谈话方式，师生间可藉以发生私人感情，学生不仅得到学术的指导，还可得到教授人格精神的感化，学校课程不应完全注意学术，技术与学术课程应当并重"②。

曹亨闻是程沧波请来的另一位新闻学名师。曹亨闻（1910—1968），浙江临海人，1926年后在上海艺术大学、光华大学读书，1934年5月赴英国伦敦大学留学，获新闻学硕士学位，1937年10月回国后曾在上海英文《大英晚报》担任编辑采访工作。1939年应程沧波之邀担任复旦大学新闻学系兼任教授，1940年后担任专任教授，主讲"新闻学概论""中英文新闻写作""外国报刊史""中国新闻事业史"等课程，直至1968年去世，在复旦大学新闻学系执教长达30年之久。

此外值得一提的新闻学系专任或兼任教授还有：刘光炎，曾任《中央日报》总编辑等职，主讲"中文新闻写作"和"新闻编辑"课程，并协助程沧波负责学生教学实习等具体工作；胡健中，曾任《东南日报》社长、《中央日报》社长等职，主讲"报业管理"课程；余茂功，曾在国民政府经济部商业司任职，主讲"英文时事问题"课程；季泽晋，曾在国民党中宣部国际宣传处任职，主讲"英文新闻写作"课程；王一之，曾在重庆青年书店任职，主讲"宣传学"课程；周钦岳，曾任《新蜀报》总经理，

---

① 赵敏恒：《采访十五年》，天地出版社，1944，第77页。
② 同上书，第79页。

主讲"评论写作学"课程；傅襄谟，曾任《国民公报》采访部主任，主讲"新闻采访学"课程；储安平，曾任《中央日报》主笔兼国际版编辑，主讲"新闻编辑"课程；姚蓬子，曾任中华书局总编辑、《新闻报》主编，主讲"各种文体写作"课程；金长佑，主讲"日本问题"；等等。

程沧波担任复旦大学新闻学系主任后，先后任《中央日报》社长、国民政府监察院秘书长，可谓身居高位，但对新闻学系的教学及管理工作事无巨细、无不尽力为之，妥善解决了新闻学系从重建师资队伍到安排学生上课、实习乃至就业等一系列具体问题。在教学实习方面，他不仅利用自己的关系安排学生去《中央日报》等新闻机构实习，还想方设法为实习学生提供伙食费补贴、解决实习期间的住宿等问题。关于程沧波解决学生就业一事，现存史料中有程沧波致吴南轩信中的一句话："此次本系毕业学生已能多数得到职业，大半送至新闻检查局。"[①] 他虽公务繁忙，但仍拨冗亲自为学生授课，主讲过"新闻评论""新闻采访"等课程。1938 年 2 月后，复旦大学的战时校址被确定在重庆北边 150 多里北碚对岸的夏坝（原名下坝，陈望道建议改今名）。新闻学系最初因便于学生去报社实习等原因而借用位于重庆菜园坝的复旦中学旧址，但 1939 年 5 月日军派飞机对重庆狂轰滥炸后也被迫迁至北碚夏坝（三、四年级学生因需去新闻机构实习等原因仍借居重庆化龙桥）。当时，交通运输很不方便，由北碚沿嘉陵江而下至重庆北端的沙坪镇要坐好几个钟头的小货轮，然后再转车才能抵达重庆中心地区，如果沿公路坐汽车至重

---

① 《新闻大学》编辑部：《复旦大学档案馆藏程沧波、赵敏恒档案五件的介绍》，《新闻大学》1989 年秋季号，第 88 页。

庆市区也得花半天时间。因此，忙于公务的程沧波不可能每周定时去北碚上课，但他采取每学期去学校几次集中授课的方式，坚持为学生讲课，并保质保量地完成他所授课程的教学计划。最难能可贵的是，程沧波还与学生有直接联系，不仅倾听学生意见，还能听取学生意见后积极与学校等各方沟通、协调，努力为学生创造较好的学习环境。1940 年 7 月 21 日，程沧波致信代理校长吴南轩云："新闻学系学生来函，请求四年级仍留城内，不知校中意见何如？……尚乞兄即与新闻学系高级同学一谈此事。"①

程沧波在担任复旦大学新闻学系主任期间，还积极思考新闻教育问题，并发表文章阐述他的新闻教育理念与观点。1941 年，程沧波在中国新闻学会成立大会特刊上发表的《谈新闻教育》一文中指出，新闻是一种事业，事业与学问应力求联系，新闻教育是新闻从业人员学术及修养上必不可少的技术与精神装备，所以新闻从业人员从学习到从业，必须不断装备自己，新闻记者必须是常识十分丰富充足的人②。此外，新闻教育要依着学生性情倾向，将写作与经营两大部分划清但也要有所联系，新闻记者也要懂得经营和支配。新闻事业不是商人就可以简单办好的，新闻事业家要懂得新闻事业的性质。

1941 年 9 月，程沧波受国民党政府委派去香港担任《星岛日报》总主笔，其担任复旦大学新闻学系主任的一段历史也由此结束。

---

① 《程沧波致吴南轩函》（1940 年 7 月 21 日），复旦大学档案馆藏。
② 卜少夫：《谈新闻教育》，载龙伟、任羽中、王晓安、何林、吴浩主编《民国新闻教育史料选辑》，北京大学出版社，2010，第 175 页。

第二节　陈望道掌舵与"好学力行" 系铭的提出

1941 年 9 月后，因原系主任程沧波去香港就任《星岛日报》总主笔，陈望道代理系主任一职，翌年 9 月正式接任系主任。在陈望道主持工作期间，复旦大学新闻学系办得更加有声有色，为新闻机构和社会培养了更为全面的新闻人才，为日后中国新闻事业的发展做出了重大贡献，其自身也开始发展成为国内领先、国外知名的新闻学系。

1941 年 10 月，即陈望道代理系主任的次月，新闻学系在重庆百龄餐厅招待新闻界人士，并听取他们对新闻教育的意见。1942 年 9 月陈望道正式接任系主任后，即提出以"宣扬真理、改革社会"作为办系的指导原则，旨在培养具有崇高的理想与情怀、强烈的为社会服务与奉献精神的新闻工作者。1943 年 4 月，陈望道又提出"好学力行"四个字并把它定为新闻学系的系铭。"好学力行"四字，源于《中庸》的"好学近乎知，力行近乎仁"之语，原意为热爱求知是智者所为，尽力而为是仁者风范。陈望道把"好学力行"这四个字作为系铭，是基于新闻学这门应用性学科的自身特性，强调新闻学的学习应将理论与实践紧密结合起来，好学力行乃是新闻从业者素质养成的根本要求，新闻学系的学生不仅要有广博的知识和学有专长，还要注重实际应用，学以致用。这个系铭道出了新闻教育的精髓，作为系训一直保留到今天。

1945 年课程改革后，"哲学原理"和"伦理学"两课被确定为新闻学系的必修课，课程内容包含唯物主义和辩证法的内容，培养学生的世界观和马列主义教育。在陈望道主持之下，新闻晚会盛极一时，新闻学系的系风朝着理论与实践结合的方向发展。1945年，新闻馆开幕式上，他也提到新闻教育要学以致用的问题。他说："我们切望能与新闻机关合作，能够以形影似的亲密关系，开辟自己的前途，谋求人群的幸福。"新闻馆确实发挥了很大的作用，学生们在那里办报实习、阅读报刊、讨论时事，学与用互相促进。规模不大的"新闻馆"坐落在校园的西北角上，它不仅是新闻学系教学实习的重要基地，同时也成为当时全校进步师生争取民主自由的活动场所。馆内收音室经常收听延安广播，新华社的重要消息一经收录下来，立即传遍复旦校园。因而这里又被师生誉为"夏坝的延安"。

根据陈望道的"宣扬真理、改革社会"的办系原则和"好学力行"的系铭，复旦大学新闻学系在这一时期不仅传承与发扬原有的优良传统与作风，还进一步推出了一系列新的办学设想与举措，新闻学系的面貌为之焕然一新。

一、恢复复新通讯社，创办学生报刊

1943年2月，陈望道为了解决实习困难，决定恢复已经停业的复新通讯社。3月1日，具有历史传统的复新通讯社重新成立，陈望道亲自担任社长，讲师李光诒担任总编辑并负责日常工作。该通讯社下设编辑、采访、总务三部，由新闻学系学生轮流参加实习，每五日发油印稿一次，免费供重庆各大报社采用，其稿件内容以重庆北碚地区的新闻材料为主。

这一时期新创办的学生报刊主要有：（1）《复旦新闻》，1943—1944 年以复旦大学新闻学会名义出版的铅印实习报纸；后来因为人事变动和经费困难，出至第 60 期后停刊，暂停对外发稿；1945 年 10 月 10 日恢复发稿，报道北碚和本校消息，以迅速翔实著称。（2）《复旦新新闻》，1946 年 3 月 12 日创刊，由新闻学系学生主办，社长为陈德曾，总经理为张树栋，总编辑为张世豪，采访由田定民负责，在社论方面则由孙宝轩、张斌仪负责，最繁重的蜡版工作则由史习启独任[①]，还请到了新闻学系教授曹亨闻担任指导教授；每周出四开铅印报一次，另出经济评论、时政三日刊。此外，新闻学系学生还不忘用新闻的武器向民众宣传。当时，新闻学系学生办了一个壁报，对象就是当地黄桷镇民众。壁报篇幅虽小，但有社评，有国内外时事，有社会新闻，有抗战图画，有读者通讯，在当时民众中有很大的影响[②]。

这一时期，在陈望道的关心与支持下，早在 1929 年创建的复旦大学新闻学会得到进一步加强。新闻学会设有研究室，订了四川各县及外省的各种报纸（有些是各地赠送的），共有 60 种之多，当时的学生就是在新闻学会的研究室里接触到各种报纸和刊物。所订阅的报纸一般都有两份：一份用于装合订本，另一份用于报纸剪贴。因此，研究室中有五六个木柜，高六尺，内分六格，各种有关联的新闻被剪下来贴在一种格式大小相同的纸上，分为国内外的政治、经济、司法、教育、外交等类别，依类储

---

① 《本社简史》，《复旦新新闻》1947 年第 5 期第 8 版。
② 谢德风：《复旦迁到黄桷镇后》，《复旦》1938 年第 12 期。

藏。学生对于抗日战争的材料尤为重视，将战争史料分为东战场、北战场等类别，以便收藏。特别值得一提的是，研究室内还有相当数量的马列主义著作，很多后来加入共产党的青年学生就是在此处第一次阅读到马列主义著作的。

二、举办各类讲座，创办新闻晚会

新闻学系定期或不定期地举办各类讲座或演讲会，拓展学生的视野与知识面，使学生在校时就对新闻界与整个社会有全面、深刻的认识。邀请新闻界著名人士来新闻学系给学生演讲，则有助于学生及时获取来自业界的最新资讯。

定期的讲座每周举办一次，由学生出面邀请一位名人来新闻学系演讲。例如，史学家顾颉刚在演讲中为记者寻根问祖，说司马迁是中国新闻记者的老祖宗，希望同学们也能像司马迁那样秉笔直书。名闻海外的记者，同时也是新闻学系兼职教授的赵敏恒被人们称为"浑身是消息"，演讲时如同在开新闻发布会。此外，苏联文学专家戈宝权应邀做关于苏联新闻事业的报告。1945年5月，中华书局总编辑金子敦应邀前来做《从史官说到记者》讲座。

不定期讲座则视实际情况而定。1945年4月1日，美国主笔协会来华访问团麦吉尔博士等3人来新闻学系访问，上午参观新近落成的复旦新闻馆，并对新闻学系同学简单致辞，下午1时至3时在学校大礼堂做公开演讲。是日为假日，但师生们放弃休假而踊跃到场。麦吉尔博士不仅赞扬"新闻学系历史之悠久"，还希望新闻学系多聘请国外教授，并为之题词："Wish all good wishes to the Department of Journalism of the National Fudan University。"①

新闻晚会的创办，是陈望道主持新闻学系期间推出的一大创举，不仅在复旦大学新闻教育史上留下了深深的印痕，还成为一项代代相传、具有重要示范意义的"保留节目"。

自1943年秋开始，在系主任陈望道的关心与支持下，新闻学系的学生开始举办每周一次的新闻晚会。创办新闻晚会的这一建议，是新闻学系的几位学生在1943年9月间提出的，并立即得到了系主任陈望道的认可与支持。经过一番筹备，第一次新闻晚会于10月10日顺利召开。这次新闻晚会的主题为"苏德战场纵横谈"，由邵文绅主讲，地点在嘉陵江边的江风茶社，出席者近30人，系主任陈望道带着助教李光诒前来参加以示支持。晚会还制作了报上刊载的苏德战争形势图的放大版，以供大家观看。之后，新闻晚会一般在星期六晚上举行，晚会主席由学生选举产生，每周更换；晚会的主题和对晚会的宣传事宜，由晚会主席与学生或老师商议而定；晚会一般以时事讨论、学术研究的形式出现，有报告、讨论、辩论，气氛热烈、活跃，不仅新闻学系的学生几乎全部出席，还有许多外系学生也非常乐意参加。晚会初创的前两年，新闻学系所在的夏坝地区还没有电灯，新闻晚会在烛光下举行，因而又有"烛光晚会"之称。

现存复旦大学档案馆里的一些资料记载着半个多世纪以前学生们关注的话题。晚会的主题有"新闻与政治""我们的出路何

① 《演讲、放假事项》，复旦大学档案馆藏历史档案1608。

在""中国将向何处去"等事关国家前途的大问题，发言人各抒己见，到会的人可要求临时发言，有时也开展辩论，但不强求有一致的结论。特别是在陈望道的关爱、宽容下，新闻晚会的氛围日趋自由、开放、活跃，学生们勤于思考、畅所欲言。1946 年 1 月 3 日晚，新闻学系举办第 105 次新闻晚会，主题是"超人哲学"。主讲人陈氏在演讲中吹嘘自己是集中外古今哲学之大成者，自建一种思想体系，叫作"如一哲学"。新闻学系四年级一位姓杜的学生当即起立发言，列举现实事实，对陈氏哲学中的唯心观点，一一予以批驳。系主任陈望道也参加了这次新闻晚会，最初略感尴尬，但立马面露笑容，向客人解释说这就是复旦历来倡导的学术独立和思想自由的品格。除谈论当前重大时事外，也讨论青年修养以及文学艺术等问题。1945 年 11 月 3 日晚，丰子恺来新闻晚会做《关于漫画》的演讲，认为漫画既然为形象化之文章，故与新闻配合，可发生更大之效力，而至于如何有效利用，则要依靠新闻学系的各位同学。此外，新闻晚会还曾请系友胡作霖回校谈他在重庆《新民报》初做记者时的甘苦。有时，新闻晚会还油印当年流行的进步歌曲或国内外民歌，发给到会人，并在会前当场教唱。

据记载，新闻晚会在重庆北碚先后举办过 110 多次，当年亲身参与其中的李光诒把新闻晚会的特点总结出 8 条，即丰富的内容、多样的形式、切当的主题、平等的气氛、广泛的探索、严肃的思考、自由的讨论和独立的判断[1]。紧扣时代脉搏、纵论国家大事的新闻晚会，有助于拓展学生的思维和眼界，使

① 游仲文：《战时复旦新闻晚会》，载何建廷《北碚文史资料第 4 辑·抗日战争时期的北碚》，政协重庆市北碚区委员会文史资料委员会，1992，第 328 页。

他们不再局限于校园内的事物，转而关注社会与国家发展的大局。

三、创建"天下记者家"——复旦新闻馆

自 1944 年 4 月起，陈望道发起筹建新闻馆的社会募捐活动，以改善新闻学系的办学条件，特别是让学生在校内就有一个良好的实习基地，兼以解决日益困难的教学实习等问题。这项社会募捐活动，预定筹集建馆费 100 万元。陈望道不顾条件艰苦和天气炎热，亲自从地处重庆郊外的北碚到市区去募集捐款。7 月 19 日，邵力子、钱新之两位老校友在重庆胜利大厦宴请金融界人士，当场募得 60 余万元，后经向金融界及其他各方推动，又募得 60 余万元，共达 120 万元。此外，文学院院长伍蠡甫捐赠价值 5 万元的 10 幅作品，邵力子夫人傅学文女士捐款 1 万元，新闻学系教授曹亨闻、祝秀侠、舒宗侨等亦各捐 1 万元。短短的两个月内，经新闻学系全体师生的积极筹备，募集到账的新闻馆建筑基金已近 200 万元。

接着，经公开招商承包后，新闻馆进入了建设阶段。新闻馆的建设事宜，由校友裘松根、黄祖述主持，校友朱文梁设计，新闻馆内设有系办公室、编辑室、图书室、资料室、通讯室、招待室、阅览室、实习教室及排字印刷房等 10 余间，占地约 30 亩。1944 年 9 月 1 日，即当时的"九一记者节"这一天，新闻馆举行奠基仪式。

1945 年 4 月 5 日中午，新闻馆开幕典礼在夏坝复旦大礼堂举行。是日云层密集，大雨欲来，但人们前来参加开幕典礼活动的兴致丝毫不减。早晨 6 点，新闻馆里和相伯图书馆的楼下，已

经挤满了前来参观的各界人士。招待室的雅致、资料室的充实、图书馆的丰富、阅览室的辉煌、印刷间的整齐、编辑室的紧张、报展室的宽敞，无不引来参观者羡慕的眼光和赞美的词句。中午前后，邵力子、萧同兹、王芸生、潘梓年、胡秋原等嘉宾，其他前来参观的人士以及复旦师生共计 600 余人，参加了隆重的新闻馆开幕典礼。邵力子致辞，邵力子夫人傅学文也陪同出席并为新闻馆剪彩。《新华日报》为复旦新闻馆的开幕发了"为新闻自由而奋斗"的贺电。于右任因公务在身，无法前来参会，但他事先拟就题为《新闻自由万岁！》的演讲稿，内云：新闻馆落成庆祝的意义，绝不止平常添设几个房舍，而是这馆舍命名的含义，中国新闻事业与复旦，在过去已有密切的关系，在未来更有远大的展望。此外，系友金光群等六人赠送锦旗"记者之家"。《新民报》记者廖毓泉赠送对联云："复旦新闻馆，天下记者家。"这一对联，准确概括了复旦大学新闻学系在中国新闻教育史上的地位与作用。从此，"复旦新闻馆"成了这一新建成的新闻馆的正式名称，"天下记者家"成了复旦大学新闻学系的代名词。

当天下午，在复旦新闻馆开幕典礼结束后，复旦大学新闻学系举办的第二届世界报纸展览会宣告开幕。第二届世界报纸展览会共展出报纸、杂志 2 000 多种。其中，展出来自世界其他 7 个国家报纸共 69 种，分别是英国 27 种、美国 16 种、印度 3 种、苏联 5 种、法国 7 种、澳大利亚 2 种、波兰 9 种；国内 13 省报纸共 298 种，分别是福建 26 种、浙江 25 种、广东 32 种、广西 13 种、云南 23 种、湖南 23 种、贵州 5 种、江西 28 种、湖北 14 种、四川 43 种、安徽 11 种、河南 28 种、陕西 27 种。此外，军中报纸 42 种, 敌后 2 种, 国内新闻教育机关 10 种, 本系毕业生及在校学生创办报刊 17 种; 杂志 90 种, 英国 30 种、印度 10种、美国 16 种、苏联 27 种、荷兰 7 种; 各版《新华时报》8 种、重庆杂志 3 种、敌伪报 22 种、对敌报 2 种。

1946 年 4 月 5 日, 即新闻馆建成一周年之日, 复旦大学新闻学系举行纪念会, 新闻学系全体师生及不少毕业系友积极参会, 学校三处五院领导及各系系主任也应陈望道之邀而出席指导。这次纪念会的议程包括: 上午 8 点报纸展览, 9 点庆祝仪式, 10 点茶话会; 下午 2 点报纸展览, 3 点在校学生及系友联欢, 6 点聚餐, 7 点半游艺。是日,《复旦新闻》特出快报三次, 报道当天各种活动情形;《复旦新新闻》《自由新闻》等诸油印刊物均出增刊, 以报道此次纪念活动。

复旦新闻馆的建成, 是陈望道主政后改善新闻学系办学条件、提高新闻学系教学质量与社会声誉的一个标志性成果。复旦新闻馆建立后, 几乎所有的学生每天必去新闻馆学习理论与知识、交流思想与意见以及参加编印报刊等教学实习活动。陈望道为新闻馆订阅了许多中、英文报刊, 特别从香港订了《群众》等进步报刊。

这一时期的新闻学系, 在陈望道的主持下, 在课程设置方面做了重大改革, 师资队伍的建设也日益加强。

在课程设置方面, 1942 年, 新闻学系的课程计 29 门, 分别为国文、英文、中国通史、自然科学一种、政治学、伦理学、三民主义、西洋通史、哲学概论、经济学、中国修辞研究、各体文写作、新闻采访、新闻编辑、体育、中国近世史、中文新闻写作、英文新闻写作、各洋近世史、新闻编辑、速记学、实习、评论练习、英文新闻写作、时事研究、报馆管理以及论文、分组选修科目，其中国文、英文、三民主义和军训为复旦大学所有科系的必修课程。新闻学专业课每门课程分为演讲、问答、实习、习作四部分。总学分数为 172 学分，其中文史类占 48 学分，政治思想类占 14 学分，新闻专业类占 35 学分，其他类别占 75 学分（见图 2-1）。

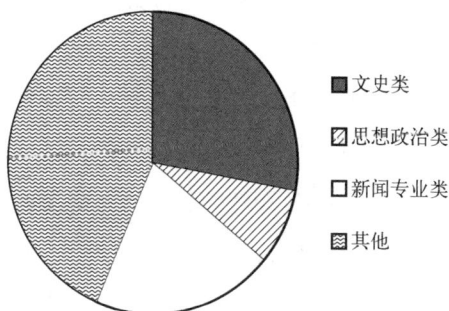

图 2-1　1942 年复旦新闻系课程学分比例

1945 年 9 月，在陈望道主持下，新闻学系在课程设置上做了改革：一是调整必修课程。哲学概论、伦理学两门课程被确定为新闻学系的必修课程，旨在培养学生具备科学的、正确的世界观。特别是哲学概论课程含有唯物主义和辩证法的内容，有助于学生得到马克思主义思想的启蒙与教育。为了注重培养学生具有广泛的知识面，新增的必修课程还有中国地理、世界地理、经济地理等。经调整后的新闻学系必修课程，一年级有国文、英文，两课均有实习课，还有中国通史、自然科学、政治学、哲学概论、三民主义、新闻学概论、体育等；二年级有新闻中文文选、新闻英文文选、中国修辞研究、中国近世史、西洋通史、伦理学、理则学、经济学、新闻采访；三年级有中文新闻写作、英文新闻翻译、西洋近世史、新闻编辑、速记学、报馆实习；四年级有评论练习、英文新闻写作、时事研究、报馆管理、毕业论文[①]。二是废止原来必须选修经济系或政治系 12 学分课程的规定，以便学生可依照自己的兴趣爱好和个人发展方向自由选课；三、四年级学生按兴趣与专长分设文史哲组、财政金融组、政治外交组，选修有关课程。经调整后，新闻学系的选修科目，包括一般选修和分组选修科目。一般选修科目有第二外国语、中国新闻事业史、各国新闻事业史、新闻政策与新闻法规、新闻文学研究、印刷研究、宣传学、广告学、期刊研究、新闻讨论、汉字速写研究、经济新闻、近代教育新闻、政治外交新闻、新闻画、摄影、实用无线电。分组选修科目包括：第一组，文学概论、语文学概要、文法研究、艺术概论、中国文化史、西洋文化史、专门史、亚洲诸国史、西洋国别史、中国地理概论、世界地理、经济地理、民俗学；第二组，财政学、国际贸易、经济政策、国际金融、中外金融市场、国际汇兑、商业组织与管理、经济思想史、中国经济史、西洋经济史、经济地理；第三组，中国政治思想史、西洋政治思想史、中国外交史、西洋外交史、中国政府、各国政府及政治、国际政治、法学通论、国际公法、民法汇总、刑法汇总、行政法。三是新闻学系四年制本科生的总学分由原规定的 136 学分增至 146 学分，以确保学生完成所规定的必修、选修课程。

在师资队伍方面，陈望道主政时已进入稳定时期，担任新闻

---

① 李建新：《中国新闻教育流变论》，华中科技大学 2002 年博士学位论文。

学系教授的除了陈望道外，还有曹亨闻、王一之、赵君豪等在新闻业界、学界享有较大声誉者。陈望道主政后，新闻学系的教授、副教授，除了认真、负责地讲授各自所承担的必修、选修课程外，还积极从事科研工作，并确立了各自的研究方向与重点（见表2-1）。

表2-1 复旦大学新闻系教师教学、科研情况统计表

教 师	所 授 课 程	研 究 方 向
陈望道	伦理学 各种文体写作 中文新闻写作 中国修辞研究	美学概论 因明学
曹亨闻	新闻学概论 英文新闻写作 各国新闻事业概况	18世纪英国新闻学 报纸之起源
王一之	新闻翻译 时事研究	综合宣传学
赵君豪	中国新闻学史 新闻讨论	
祝秀侠	评论练习	中国小说史 新闻社会学 社论作法
杜绍文	报馆管理 中国新闻事业概况 新闻政策与法规	
舒宗侨	新闻采访 编辑实习	有一些散见于各报的论文
沈有秩	印刷研究	
蔡兆漉	速记	

续 表

教　师	所　授　课　程	研　究　方　向
萧乾	分期新闻研究 新闻英文文选 英文新闻写作	
袁伦仁	英文新闻翻译	
陈伯吹	期刊研究	

青年教师还被要求制订年度工作计划。在复旦大学档案馆，存有新闻学系青年教师李光诒的 1942 年工作进修计划。从这份工作计划中，可以看到一位孜孜不倦的教师为学生和新闻学研究所付出的心血。工作进修是这份工作计划的主要内容，包括基础知识进修和中心研究工作两部分。基础知识进修包括：国文，着重写作能力的培养，拟在 1942 年度详细阅读《饮冰室文集》一遍；外国语文，加强英文学习，初期达到自由阅读、自由翻译的程度；第二外国语文，拟自学日语，1942 年内期能阅读日文书报；新闻学，一般新闻学理论；新闻学史，拟阅读《中国报学史》、*A Newspaper History*、《欧洲经济发达史》以及其他教授指定阅读的书籍。中心研究工作包括：研究范围为各国新闻事业史，研究目的为比较研究各国新闻事业史以期求得本国新闻事业发展的途径；1942 年度目标，拟编订《英国新闻事业史》，一方面可以作为中心研究工作成果，另一方面可供修读"各国新闻事业概况"课程的学生参考。

陈望道还倡导民主办学，鼓励学生"学有专长""有胆有识"，并暗中保护与支持进步学生及其活动。1944 年，陈望道破格录取了数学科目得零分但是白话文和文言作文都是满分的湖南青年张啸虎。1945 年入学的邹剑秋是中共地下党员，当时担任新闻学系学生会主席，他参加编辑的进步学生报纸《中国学生导报》的据点就与陈望道的住处同在一个四合院内，与陈望道来往密切。他们之间的来往与谈话十分自由、无拘无束，充分体现出陈望道对进步学生的包容、关爱与支持。

第三节　坚持真理与正义，发挥民主 "堡垒" 作用

1946 年 4 月，复旦大学师生准备复原返沪，新闻学系成立了以系主任陈望道为主任委员的复员委员会筹备会。6 月，新闻学系随同学校一起迁回上海，回到了地处江湾的老校区。

此时，14 年抗战期间在中国新闻教育战线坚持办学、起中流砥柱作用的复旦大学新闻学系，回到了上海这一中国新闻事业的中心，已经发展成为中国新闻教育的第一重镇。新闻学系不仅有在社会上享有极高名望的系主任陈望道继续掌舵，有曹亨闻等具有丰富教学工作经验的专任教授，而且还有赵敏恒、袁伦仁、卜少夫、萧乾、储安平、杜绍文、舒宗侨等新闻界知名人士应聘担任专任或兼任教授，王芸生、詹文浒等新闻界领军人物也常应邀来新闻学系办讲座、做演讲，师资队伍与教学力量空前强大。其中舒宗侨编著的《第二次世界大战画史》以及与曹聚仁合编的《中国抗战画史》在 1947 年出版后，因其真实地记录了中国人民和世界人民抗击法西斯侵略斗争并最后取得全面胜利的历史过程而在社会上产生了巨大影响。舒宗侨（1913—2007），湖北蒲圻

（今赤壁市）人。1936 年毕业于复旦大学新闻系，1935 至 1937
年间任上海《立报》记者，后去重庆担任《中央日报》《扫荡报》
编辑和编辑主任。1942 年在重庆创办《联合画报》，任主编，同
时兼任复旦大学副教授、四川教育学院教授、美国新闻处画报部
主任。抗战胜利后，主办《联合画报》，后迁上海出版并改为月
刊。1946 至 1949 年间先后编著出版《第二次世界大战史》、《中
国抗战画史》（与曾聚仁合编）、《二次大战照片精华》（与魏守忠
合编）、《学生解放运动画史》。新中国成立后，继续在复旦大学
新闻学系任教，主讲"采访写作""新闻编辑""新闻摄影""外
国新闻事业"等课程。1956 年，任中国摄影家协会首届常务理
事。1978 年后担任《世界新闻事业》季刊主编和《新闻大学》
编委，晋升为教授。1986 年退休。

　　在教学上，1945 年陈望道亲自主持修订的课程设置与教学
培养方案因正确、切实、可行而被继续沿用。新闻学系学生还曾
获取过新闻界以及社会各界的帮助与支持。据复旦大学档案馆历
史档案《新闻学系学生联系实习事项》记载，1946 年 10 月，
《前线日报》《申报》《正言报》《和平日报》《东南日报》《文汇
报》《新民报》《联合日报》《上海民国日报》都有函复新闻学系
学生去报社实习请求的回复意见。例如，《申报》表示实习一事，
"具培植学子之至意，无任钦佩！兹决定办法如下：一是每次最
多以二人为限；二是实习期间以二至三星期为度；三是实习期间
内可酌给交通费唯不能提供交通工具亦不供膳"。社会资助的奖
学金项目有：1946 年 10 月，上海鼎鑫纱厂厂主雷锡璋设立"雷
霖苍先生新闻奖学金"。1947 年，《新闻报》社长程沧波在复旦
等 3 所大学内设置新闻教育奖学金，每校每期 600 万元，得奖学

生为三、四年级各 3 名，每名可获 100 万元。盛名之下，每年报考复旦大学新闻学系的考生也十分踊跃。1947 年复旦大学全校考生 11 000 余人，其中报考新闻学系的 689 人，在文学院中排名第一，最后被录取的仅 80 余人。

这一时期，以"宣扬真理、改革社会"为办系原则、以"好学力行"为系铭的复旦大学新闻学系师生，在中国共产党地下组织的领导下，团结在系主任陈望道的周围，在国统区坚持宣扬真理，反内战、反暴行，为正义与民主而战，发挥了"民主堡垒"的作用。

创办报刊、举办新闻晚会（新闻座谈会）等传统活动，成了此时新闻学系师生开展反内战、争民主斗争的重要手段。

新闻学系的学生在中共复旦地下支部领导下，办了不少报刊，有铅印的，也有油印的，还在校内办起了 20 多种小报和壁报。其中《复旦新闻周报》是新闻学会主办的四开油印小报，兼有新闻学系学生实习和学生运动喉舌双重身份，其内容以报道学生运动情况和学生的学习、生活动态为主，编排和刻印都很精美。为了同三青团分子主办的《新新新闻》报进行斗争，也为了防止他们混淆视听，《复旦新闻周报》还专门印制卡片，以作为《复旦新闻周报》学生进行采访的工作证件。作为学生运动的喉舌，《复旦新闻周报》充分发挥了新闻武器的威力。随着上海学生运动的发展，《复旦新闻周报》于 1948 年夏改名《复旦导报》，并作为复旦大学学生自治会的机关报继续出版发行。此外，1946年 3 月 12 日，在重庆创刊的《复旦新新闻》迁上海后继续出版，所有的记者与办报人员计 58 人，都是新闻学系的学生。据记载，1948 年 6 月 23 日，该报因办报经费紧张，由学校借垫印刷费

1 500元。1947年创办的《时事论坛报》，也是由新闻学系学生负责的学生报刊，由新闻学系教授曹亨闻担任指导老师，以研究国际时事问题、出版壁报为宗旨，凡对时事有兴趣的复旦大学学生都可以参加。

新闻晚会在迁回上海后一般每月举办一次，随着政治形势的发展有时每两周举行一次，一般是在教室里举行，后因参加人数多而改在当时面积最大的子彬院101教室举行。1947年12月起，新闻晚会改名为新闻座谈会。12月12日，第一次新闻座谈会召开，内容为"展望伦敦外长会议"，萧乾教授出席指导，系主任陈望道出席并发言，指示新闻座谈会的内容除纯学术方面外，应偏重新闻学理论及实际之检讨。

这一时期，新闻晚会（新闻座谈会）在中共地下组织的暗中领导下，实际上已经成为党在复旦大学进行宣传、开始合法斗争的一个牢固、可靠的阵地。在新闻晚会上，进步学生利用事先搜集的大量资料，特别是利用国民党官方报纸及通讯社发的消息，讨论宣传共产党的主张，揭露国民党的阴谋。1947年4月28日，新闻学系学生举行主题为"五四的道路"的座谈会，取得了很大的成功。

中共地下组织甚至还利用新闻晚会（新闻座谈会）作为考验进步学生、发展地下党员的平台。据1947年秋考入复旦大学新闻学系的练福和回忆，他当年在复旦大学加入共产党，就是通过新闻座谈会这一平台。他正是在新闻座谈会上认识了地下党支部书记曾铸。"1948年11月间，新闻系召集一个关于当前形势的座谈会，内容是我们青年学生如何在历史转变的关头面对严峻考验。会上讨论很激烈，会后曾铸有意和我同行回宿舍，一路上他接着话题继续发挥，从当前形势谈到共产党纲领，谈到我们搞学运、搞革命要不要参加党组织的问题。我当即向他表达了我的心愿和入党要求。过了 20 多天，到 1948 年 12 月 12 日我成为中共党员。"①

被称为"复旦新闻馆"的新闻学系小楼内首设有收音广播室，可收听到解放区的新闻广播，因而不仅进步学生把此处当作接受中国共产党领导的发令台，一般学生也常来收听真实、准确的战争消息。

在反内战、反暴行的爱国民主运动中，复旦大学新闻学系学生不仅积极参与，而且是一支始终站在斗争最前列的活跃力量。

1946 年 12 月 24 日，北平发生美军强奸北京大学学生的严重事件，上海、重庆以及各地学生掀起了一场抗议美军暴行的爱国正义斗争。12 月 27 日，新闻学系学生、地下党员邹剑秋建议找女学生中的积极分子研究，以女学生为主召开一次抗议大会。12 月 30 日，新闻、外文、中文等系学生会在女生食堂召开反美抗暴大会，500 余名学生参加，当场募得捐款 24 万元。次日晚，学生再次集会并商议第二日游行事宜，当场又募得捐款 24 万元。1947 年元旦清晨，复旦大学新闻学系与其他各系学生 1 000 多人浩浩荡荡冲出校门，以"中国不是美国的殖民地""抗议美军暴行，美国兵滚出去！"的巨大横幅为前导，直奔外滩与全市各校的学生队伍会师并举行声势浩大的抗议大会，后又在市中心地区游行示威。1947 年 5 月 29 日，新闻学系主任陈望道，教授舒宗侨、林淑英、杨思曾等，先后前往公济医院慰问该系在"五二六"事件中受伤的张希文、杜数绪等学生。1949 年 2 月，新闻学系学生、地下党员程极明在竞选中胜出，担任复旦大学学生自治会主席，成为复旦大学爱国学生运动的领袖人物。

对于学生爱国民主运动，新闻学系主任陈望道以及其他不少教授公开站在学生一边，同情、慰问与支持学生参加运动。1949 年 1 月 28 日晨，陈望道携带大批糖果至蓬莱警局探望在押的 18 位学生，并数次求见时任上海市市长的吴国桢，使 18 名学生最后全部交保获释。这 18 位学生，1948 年 8 月 27 日由特刑庭以"匪谍嫌疑"拘传侦讯，并羁押于蓬莱分局，因证据不足而无法起诉，但仍不予释放。1949 年 1 月 20 日起，18 位学生开始绝食，得到了包括陈望道在内的社会各界正义人士的关注、同情与支持。在关键时刻，陈望道敢于挺身而出，暗中保护进步学生免遭国民党当局的迫害。陈望道儿子陈振新曾回忆说，1947 年四五月间的一个晚上，全市大逮捕，复旦大学有十几人被抓。当晚，一位进步学生逃到陈望道家里避难。陈望道请那位学生上楼躲避，自己与其太太在底楼坐着看报纸，整整一个晚上没有睡觉，保护了这位学生。

对于试图混入新闻学系进行破坏活动的特务学生，陈望道坚决不予录取。当时，国民党当局通过校长章益多次保送大批特务到新闻学系，但陈望道通过甄别考试等方式，拒不接受。为此，复旦大学的特务学生曾贴出大幅公告，公然宣称新闻学系是"共匪"支部组织，并要陈望道对此负责。

这一时期，内战还造成了学校师生在经济上也处于困苦的境地之中，系主任陈望道为此挺身而出，强烈要求当局解决各校师生员工的困苦情形。1949 年 2 月 15 至 18 日，新闻学系主任陈望道与曹鹤荪、刘大杰等教授等一起，离沪赴南京请愿，要求发给各校应变储粮费 10 亿元，并合理改善教职员待遇。1949 年 2 月，人民解放战争胜利在望。为了保护学校免遭破坏，复旦大学成立师生员工应变委员会，新闻学系主任陈望道作为教授代表，学生程极明作为学生代表并担任该委员会副主席，在白色恐怖之下积极领导护校斗争。

1949 年 4 月 5 日，为纪念新闻馆成立 4 周年，同时也为新闻系主任陈望道执教 30 年，新闻学系师生举办隆重的庆祝会，文艺界、新闻界不少人士纷纷前来祝贺，于右任特地从南京寄赠"记者之师"立轴一幅。之后不久，陈望道被列入国民党特务暗杀名单，在新闻学系副教授舒宗侨的帮助下，避居市中心的一栋民房内，直至上海解放。

这一时期，值得在此大书一笔的是，复旦大学新闻学系培养的胡其芬、胡作霖、王朴、王水 4 名进步学生惨遭国民党杀害，为新中国的成立付出了自己宝贵的生命。这 4 位新闻学系系友，后被称为复旦大学新闻学系四烈士，其英名将永载史册。

胡其芬（1919—1949），原名胡永萱，又名胡南，湖南湘潭人。19 岁加入中国共产党，1939 年 9 月接受组织派遣化名胡永萱进入北碚复旦大学新闻学系学习。因性格开朗、活跃而为同学们所喜欢。由于缺乏斗争经验，1940 年身份暴露，被调至重庆《新华日报》以"胡南"为名担任翻译工作。1945 年，作为中共代表团随员，跟随周恩来在重庆参加国共谈判，后留在重庆从事地下工作，1948 年 4 月因叛徒出卖而被捕入狱。在狱中，仍然坚持斗争，通过积极策反医官刘石人和看守黄茂才而与狱外取得联系。1949 年 11 月 20 日，化名"吉祥"撰写《最后的报告》，托看守黄茂才带出转交党组织。后设计越狱计划，但因敌人大屠杀提前而未果。1949年11月27日，胡其芬在重庆渣滓洞英勇就义。

胡作霖（1917—1949），四川开县人。1938年读高中时加入中国共产党，1941年考入复旦大学新闻学系，1945年毕业。后任重庆《新民报》记者，出席各种进步团体的集会，多次发表文章揭露国民党反动统治和特务的暴行，指导进步学生开展抗暴运动。1947年6月被捕，后经报社保释出狱，1948年6月第二次被捕。在狱中，他意志坚定，乐观豪爽，教难友大唱革命歌曲，使阴冷的牢房变成火热的战场。1949年11月27日，在重庆渣滓洞英勇就义。

王朴（1921—1949），原名兰骏，四川巴县人，出生于富裕家庭。中学时代就通过《新华日报》了解中国共产党和马列主义思想，将中国共产党视为未来的希望。1944年，考入北碚复旦大学新闻学系学习，积极参加《中国学生导报》社的活动，被选为报社财经委员会委员。1945年7月毕业后去农村创办多所中小学校，并将这些学校建设成为党在农村中开展革命宣传活动的据点。1946年加入中国共产党，1947年冬担任中共重庆北区工委宣传委员，兼管统战工作。还动员母亲将家中田产变卖，筹集黄金近2000两充作地下党购买枪支、药品的经费。由于叛徒出卖，1949年被捕入狱，10月28日被国民党公开枪杀于重庆大坪刑场，年仅28岁。

王水（1930—1950），原名甘传昌，浙江宣平人。1947年秋，入复旦大学新闻学系学习。在校期间，他要求进步，积极参加进步团体组织的各项活动，并以坚定、机智、勇敢的表现，得到了地下党组织的信任。1948年底，因反对国民党当局将复旦大学迁往台湾，担任学校防护大队大队长，日夜巡逻在校园，保护校产设备。1949年4月参加中国人民解放军浙东游击纵队六支队，任军报《新路南报》编辑，后又参与筹建新华社金华支社和《金华新闻》社。他一手拿枪，一手拿笔，积极配合当地政府发动群众开展剿匪反霸斗争，组织开展宣传活动。1950年4月2日，遭土匪袭击而英勇牺牲，被追认为中国共产党党员。

第三章 破旧立新，建设人民的新闻教育事业（1949—1957年）

第一节 与新中国同行，在全面调整中壮大

1949年5月12日，人民解放军解放上海的战役正式打响。此时，复旦大学已经被国民党当局下令解散，由国民党驻军接管，复旦大学师生被迫疏散。5月26日上午9时许，人民解放军开进复旦大学江湾校区，国民党驻军就地投降。在人民解放军的帮助下，复旦大学留守人员增雇工人守护学校财产，以防盗窃。27日，上海全市解放，"学生百余人来校维护秩序，情形转好"。接着，学校工友归位，校车开始运行，连订阅的《新闻报》等报纸也开始"按时送来"①。6月20日，复旦大学师生在登辉堂举行接管典礼，复旦大学从此开始成为一所属于人民的大学。是日下午，复旦大学各系讨论新民主主义教育方针和接管方案；晚上，学校举行庆祝解放、欢迎接管的联欢会。

紧接着，新生的人民政权对高等教育的恢复、改造与调整随

---

① 《解放前夕日记》，复旦大学历史档案编号0091zh0401-6，复旦大学档案馆藏。

即展开，其基本原则就是《中国人民政治协商会议共同纲领》第五章所规定的新中国文化教育政策："中华人民共和国的文化教育为新民主主义的，即民族的、科学的、大众的文化教育。人民政府的文化教育工作，应以提高人民文化水平，培养国家建设人才，肃清封建的、买办的、法西斯主义的思想，发展为人民服务的思想为主要任务。"①肃清旧的，创建新的，成为整个文化教育界的首要任务。针对高等教育在旧中国的分布不平均、不合理等状况，新中国在对高等教育事业进行彻底改造的同时，还展开大规模的高校院系调整以及教育体制的改革，经历了一个从1951年前小范围的调整，到1952年大规模的拆分重组的过程，以顺应经济建设的迫切需要。

由于新闻学和政治的密切关系，新闻教育的指导思想与旧中国截然不同，新的无产阶级新闻学理论成为新闻学的主导思想，旧的资产阶级新闻学体系被彻底推翻。据此，新中国的新闻教育事业也必须经过彻底改造而脱胎换骨。这一过程，充满着痛苦、艰难，但只有经过这一过程，新闻教育事业才能获得新生，才能在新中国有立身之地。新中国成立初期，复旦大学新闻学系比较顺利地经历了这一改造过程，经受住了新时代的考验，无产阶级新闻思想和教育理念全面代替原有的资产阶级新闻理念与教育理念，形成全新的人民的新闻教育体系。

中国无产阶级的新闻教育，始于1939年延安女子大学。1941年6月20日，中共中央宣传部发布《关于党的宣传鼓动工作提纲》，其中提到"党的宣传鼓动工作的发展，首先决定于宣

---

① 《中国人民政治协商会议共同纲领》，《人民日报》，1949年9月30日。

传干部的培养。这是党的一个严重的和长期的任务"①。之后，延安大学新闻系、华中新闻专科学校、华北联大新闻系、山东大学新闻系、中原大学新闻专修班、华中新闻干部学校、苏南新闻专科学校、华东新闻干部学校等先后创建，无产阶级新闻教育在抗战中逐渐发展成熟。华东新闻学院和北京新闻学校的创办，是无产阶级新闻教育趋于成熟的两个重要标志性成果。这两所党创办的无产阶级新闻人才教育机构，旨在培养掌握马列主义、在政治思想上坚持无产阶级新闻观点，同时又富有实际工作经验的无产阶级新闻宣传人才，其经验可资新中国成立初期正在除旧布新的高校新闻学系之参考与借鉴。事实上，华东新闻学院的办学经验，确实是当时复旦大学新闻学系在建设无产阶级新闻教育体系过程中的楷模与镜鉴。

1949年5月上海解放后，复旦大学新闻学系除系主任陈望道外，还有赵敏恒、曹亨闻、杜绍文、舒宗侨、杨思曾5名专任教师，其中曹亨闻、赵敏恒曾留学英国，后者任职于英国路透社远东分社多年；杜绍文、舒宗侨、杨思曾都是新闻学系毕业生，新中国成立前有过多年的新闻媒体工作经历。9月13日，陈望道虽继续担任系主任，但其主要精力已用于复旦大学全校的建设和调整工作之中，曹亨闻开始代理系主任工作。此时的复旦大学新闻学系，虽饱经沧桑仍坚守在中国新闻教育的阵地上，成为中国新闻教育的一个重镇。自1949年9月新学期起，在改造中新生的复旦大学新闻学系开始成为以马克思主义为指导思想办学的

① 张闻天：《关于党的宣传鼓动工作提纲》，《共产党人》1941年第2卷第19期，第629页。

人民的新闻教育机构。

1950 年 7 月 7 日，陈望道因身兼多职（华东军政委员会文化部部长、复旦大学校务委员会副主任等），公务繁忙，正式辞去新闻学系主任一职。7 月 14 日，根据陈望道的建议，党组织批准，时任《解放日报》社长的恽逸群开始兼任复旦大学新闻学系系主任一职，7 月 20 日正式就职。恽逸群（1905—1978），笔名翊群，江苏武进（今常州市武进区）人。1926 年加入中国共产党。大革命失败后，在江苏武进、宜兴和浙江萧山等县任地下县委书记，后与党组织失去联系。1932 年起从事新闻工作，历任上海《立报》、香港《生活日报》和上海《导报》《译报》编辑、主笔。1937 年参与发起创建中国青年新闻记者协会。1940 年主持国际新闻社香港分社工作。1946 年进入华中解放区，历任新华社华中分社社长、《新华日报》华中版总编辑、《大众日报》总编辑、济南《新民主报》社长兼总编辑等职。1949 年新中国成立后，历任上海《解放日报》副社长、社长，华东新闻出版局局长，华东新闻学院院长、复旦大学新闻学系系主任等职。1952 年 10 月受到错误处分，1955 年被捕，1965 年获释后在江苏阜宁的一家中学管理图书。1978 年逝世，1980 年获彻底平反昭雪，1982 年恢复党籍和名誉。著有《恽逸群文集》。

1950 年 8 月，曾长期在山东根据地从事党报工作的华东新闻学院教务长王中奉调来复旦大学工作，并兼任新闻学系教授。王中（1914—1994），原名单勣，笔名张德功，山东高密人。1935 年考入山东大学外文系，1936 年参加抗日民族先锋队，从事抗日救亡活动，1937 年肄业。1938 年 1 月加入中国共产党，1940 年后在山东从事新闻工作，历任《大众日报》编辑主任、

《新民主报》编辑部主任等职。1949 年 5 月后在上海工作，历任华东新闻学院教务长，复旦大学党委常委、统战部部长、副教务长、新闻学系主任、教授等职。著有《王中文集》。1957 年被错划为右派，1979 年得到改正并再度出任复旦大学新闻学系主任，兼任国务院学位委员会文学分科评议组成员、中国新闻教育学会副会长等职。

1950 年 9 月，华东新闻学院停办；10 月，华东新闻学院教务处副主任兼专修科主任余家宏和杜月邨两位教师被调入复旦大学新闻学系任教。余家宏（1916—2009），江西省南昌人。1935 年入复旦大学经济学系学习，因抗战爆发而延误学业，至 1940 年毕业。1946 年任广州《每日论坛报》编辑。1947 年来上海，在陶行知主办的育才学校任教，后任该校新闻组（专科）主任。1949 年上海解放后任华东新闻学院教务处副主任、专修科主任。1950 年调复旦大学新闻学系任讲师兼教学秘书，后任副教授，曾担任新闻理论教研组主任、新闻学研究室主任、新闻学系副主任等职，1985 年晋升为教授。1984 年获"全国优秀新闻工作者"称号。曾主编系内刊物《新闻学研究》，参与创办与主编《新闻大学》季刊，主持编写《马恩列斯新闻论著选读》《马克思恩格斯报刊思想与活动》《马列报刊活动编年》等教材，合编《新闻学简明词典》《新闻学词典》《新闻学基础》《新闻文存》等著作。1985 年离休。

1950 年 9 月，恽逸群因工作繁忙难以兼顾系务而委托王中代理系主任工作。1952 年 10 月恽逸群受到错误处分后，王中正式接任系主任。此时，王中还身兼复旦大学党委常委、统战部部长、副教务长以及主管全校政治课教学工作的政治课教学委员会主任等职，其主要精力放在学校层面的工作上。

这一时期，复旦大学新闻学系继续坚持密切联系新闻业界的传统，邀请《大公报》的王芸生、《新闻日报》的陆诒、《文汇报》的徐铸成等担任兼职教师，在教学工作中扮演着重要的角色。同时，恽逸群、王中还邀请到几位具有革命经历的新闻宣传干部来系任教，如上海市新闻出版处副处长张印吾（讲授"编辑学"）、上海市新闻出版局新闻处处长秦加林（讲授"通联工作"）等。新闻学系还要求学生接触实际、锻炼实际工作能力，并明确规定教师须定期带领学生到各报去实习。部分教师主动去报社进修，如余家宏曾利用寒假时间去《解放日报》进修等。

复旦大学新闻学系学生人数至 1949 年上海刚解放时仅 70 余人，同年秋季学期招入 80 人，此后因年年招入新生而不断增加。1954 年后，每年都有超过 100 名新生入学①。

1949 年上海解放后，党和国家对旧有新闻教育机构立即进行了改造与整顿。一批具有国民党反动背景的高校被停办，一些私立大学因经济困难等原因自行停办。在此背景下，上海暨南大学新闻学系、中国新闻专科学校最先被并入复旦大学新闻学系。

1949 年 8 月，上海暨南大学新闻学系停办，20 多名学生转入复旦大学新闻学系，其中包括后来担任过复旦大学新闻学系主任、新闻学院首任院长的徐震等。暨南大学创办于 1906 年，以招收华侨学生为主，因战乱多次迁徙，上海解放后被停办，其学生分别转入复旦大学和上海交通大学。

1949 年 9 月，中国新闻专科学校被解散，学生 30 多人经甄

---

① 丁淦林：《回顾新闻教育从危机到繁荣的历程》，《新闻与写作》2009 年第 1 期。

别考试后进入复旦大学新闻学系继续完成学业。中国新闻专科学校创办于 1945 年，于右任任董事长，费彝民等为董事，聘请主张抗日的进步文化人士阿英、柯灵、胡道静等为教员。由于该校创办人、校长陈高傭曾任职于国民党中央宣传部、国民政府教育部，他于 1946 年当选为上海市参议员，因此该校被定性为有民党反动背景的学校，上海解放后被解放军接管，其校舍及硬件设备被用于创建华东新闻学院。

1951 年 9 月 11 日，民治新闻专科学校停止招生，12 名学生并入复旦大学新闻学系。民治新闻专科学校是著名报人顾执中于 1928 年冬在上海创办的私立新闻学校，原名上海民治新闻学院，1932 年改称民治新闻专科学校，学制两年，严独鹤、戈公振、翦伯赞、艾思奇、陈翰伯等曾被聘为教员。1940 年 8 月后一度停办，1943 年在重庆复校，1945 年迁返上海。1951 年改名民治新闻学校，继续由顾执中任校长。1952 年院校调整时民治新闻学校一部分并入复旦大学新闻系，一部分改组为以工农学生为对象的民治新闻学校，1954 年自行停止招生。

1952 年，国家开始对高等教育体系以及高等学校分布进行大调整，以适应新中国经济建设之需。当时全国共有高等学校 227 所，其中华东地区高等学校 85 所，上海 43 所，占全国 1/5[①]。5 月，教育部提出了全国高等学校院系调整原则和计划，旨在打破高等教育原有的不平衡布局，以培养工业建设人才和师资为重点，发展专门学院，突出发展经济建设需要的工业学科，整顿和加强综合性大学。根据调整方案的规定，综合性大学在全

---

① 何东昌：《中华人民共和国重要教育文献》，海南出版社，1998，第 25 页。

国各大行政区内最少有一所，最多不超过 4 所。据此，参照苏联的大学模式，此次调整，取消了大学中的学院，调整出工、农、师范、政法、财经等科、系，或建专门学院，或并入原有的同类学院。

在此过程中，圣约翰大学新闻学系于 9 月间停办，该系教授汪英宾、助教伍必熙以及学生 44 人转入复旦大学新闻学系。圣约翰大学新闻学系是中国最早创办的大学新闻学系，1920 年 9 月正式成立，美国密苏里大学新闻学院毕业生、上海《密勒氏评论报》主笔毕德生（D. D. Patterson）应聘担任系主任。1924 年毕德生回美国后，密苏里大学新闻学院硕士、俄克拉荷马州《新闻报》主编武道（M. E. Votau）应聘继任系主任。该系旨在培养英文报纸人才，用英语授课，办有实习报纸《约大周刊》，课程有新闻、编校、社论、广告、新闻理论、新闻史等。1941 年 12 月太平洋战争爆发后停办，1947 年复办，仍由武道担任系主任。1949 年上海解放后，武道回美国，由黄嘉德担任系主任，教授有梁士纯、汪英宾等，助教有伍必熙等，课程改用汉语讲授，原实习报纸英文《约大周刊》停办，改出中文周刊《约翰新闻》。1952 年院系调整后停办。

在此次调整中，北京的燕京大学新闻学系也被停办，并入北京大学中文系并改建为编辑专业（后改为新闻专业）。此后，复旦大学新闻学系成为新中国唯一的一个保留原新闻学系建制的新闻教育机构，而且还因集纳了上海地区包括一批优秀师资在内的众多新闻教育机构的资源而空前强大。1955 年中国人民大学新闻学系成立，复旦大学新闻学系积极向后者输送教学人才，至 1956 年先后输送了 6 名毕业生去中国人民大学新闻学系担任教师。

复旦大学新闻学系之所以能成为新中国唯一的高校新闻学系，一说是因为得到陈望道的极力维护。据时任复旦大学党委副书记的王零回忆，1952 年全国院系大调整时，由于苏联只有党校才办新闻学系，因此上海市高教管理部门最初拟停办复旦大学新闻学系。对此，陈望道坚决反对，并亲自出面向周恩来总理请示，得到了周总理的支持。

这一时期，复旦大学新闻学系教师在完成教学任务之外，还加强自身学习与进修，积极参加当时的政治运动与社会工作。1951 年 4 月余家宏等 8 位新闻学系教师前往华北人民大学革命研究院学习。1951 年 10 月，曹亨闻、赵敏恒、蒋孔阳、杜月邨、朱振华 5 位教师率新闻学系学生 103 人去皖北参加土改，至 1952 年初结束后回系。

复旦大学新闻学系的学生，响应党和国家的号召，积极参加各项政治运动，不少人还不计个人得失，急党和国家所急，未及毕业就离校参加革命工作，以最大的热情投身于新中国的建设事业。1949 年 6 月，上海成立知识青年南下服务团和西南服务团，上海市学联号召 18 岁以上的学生积极参加，完成解放全中国的任务。新闻学系与其他院系的学生约 780 人参加，占全市服务团人数的 1/5。同月，新闻学系学生程极明当选上海市学联组织部部长，离校去市级机关工作。据统计，这一时期先后离校参加革命工作的学生有 1 200 人，占在校学生总数的 70%[1]。其中就有为数不少的新闻学系学生。1956 年 9 月，新闻学系毕业生卢容

---

① 《复旦大学百年纪事（1905—2005）》，复旦大学出版社，2005，第 170 页。

栿、赵宗仁、张谦德和徐道护4人自愿投身西藏建设工作。1957年3月，复旦大学新闻学系四年级18位应届毕业生上书高教部部长杨秀峰，要求到内地和边疆去支援祖国建设。

第二节 学习苏联经验，探索新闻教育之新路

1949年6月30日，毛泽东在《论人民民主专政》中说："我们在国际上是属于以苏联为首的反对帝国主义战线一方面的，真正的友谊的援助只能向这一方面去找，而不能向帝国主义战线一方面去找。"据此精神，1949年底召开的新中国第一次全国教育工作会议，特别提出要借助苏联教育建设的先进经验。会后，教育领域学习苏联的运动逐步展开。

在此背景下，复旦大学新闻学系自新中国成立后即开始以马克思主义为指导思想，以苏联新闻教育工作为楷模，努力汲取苏联新闻教育工作经验，探索、建设中国无产阶级新闻教育体制。

最初，复旦大学新闻学系教师们虽然认识到要以马克思主义为指导思想建设新的无产阶级新闻教育体系，但对马克思主义很不熟悉。因此，1949年10月间，在留学英国归来的教授曹亨闻主持下，新闻学系临时系会撰写了一份1 000多字的报告。这份报告虽然总结了新旧交替时刻新闻学系的基本情况，探讨了新时期所需的无产阶级新闻人才的定位、新闻教育培养目标、教学目的等问题，但由于这批爱国的、旧知识分子出身的新闻学系教师们并未掌握马克思主义的立场、观点与方法，因而只能在原来谢

六逸、陈望道等制定的新闻学系教学理念、教学目的与培养目标的基础上，换用或增加一些贴近当时政治情形的词汇。这份报告把新闻学系的教学培养宗旨规定为"培养新民主主义国家的新闻工作者，使成为革命的文化斗士，为人民服务"。虽然提出了"新民主主义国家"的限定，"文化斗士"前还特别用颜色略深的墨迹加上了"革命的"三字作为修饰，甚至把"人才"改变成极富革命意味的"斗士"两字，"为人民服务"一词在这份报告中出现在两处，但并没有找到无产阶级新闻教育的真谛。特别要指出的是，这份报告在称谓上竟然仍沿用"国立复旦大学"的说法，没有意识到所谓的"国立"是已被推翻的中华民国时期的称呼，充分表现出这批旧知识分子的思想水平之落后。当然，这些旧知识分子自己也已意识到进了新社会但思想尚未跟进的问题，因而这份报告在提出图书馆有"旧书"无"新书"这一问题后，迫切希望能够获得新的新闻理论书籍，用以改变现有的新闻教育体制与教学内容。

从这份报告中还可以看出，由于整个国家经历了十几年的战乱动荡，当时新闻学系在物质配备上严重匮缺。重庆时期新闻馆购置的铅印印刷机因搬迁而遗失了一部分，直至新中国成立时仍未配齐，教学面积也不敷应用，书籍陈旧。

1950年后，《解放日报》社长恽逸群、王中等党的新闻工作者进入新闻学系，加快了新闻学系由资产阶级新闻教育机构转向无产阶级新闻教育阵地的改造进程。恽逸群主持系务后，提出"兼容并蓄"的办学方针：一方面继承陈望道的民主传统，另一方面加强无产阶级的政治思想教育和新闻业务教育；教学制度则既保留原来行之有效的制度，即继续采用四年学制和学分制，高年级学生除学新闻主课外，还要选修政治法律、财经、文教、国际宣传四门课中的一门，培养一专多能的学识，又采用了一些适应新时期的新方式。他特别强调理论联系实际，要求加强政治思想教育，要求学生关心时事，接触实际，锻炼实际工作能力。按照他的要求，新闻学课程中增加了马列主义的内容，并规定教师定期带领学生到各报去实习。恽逸群的一系列举措，为复旦大学新闻学系的无产阶级新闻教育体系的建设打下了良好的基础。

之后，新闻学系开始引入苏联的新闻教育理念、模式和内容，大量借鉴苏联新闻教育经验，按照苏联模式建设新闻学系。

在教学目的与培养目标方面，现存复旦大学档案《1949—1952年教学计划》重新定位为："根据新闻工作干部必具之条件培养学生为：① 初步具备马列主义理论基础，正确的政治立场，掌握政策的能力。② 树立人民新闻工作的正确观念，各种业务知识与实际经验。③ 具备通俗、明白、简洁、准确的文字表现能力。④ 具备社会、历史、生产的一般常识。"[①] 这一新定位，根据新的形势突显了新闻教育中的政治因素，但也继承了原通识教育的模式与复合型新闻人才的理念。

根据这一教学目的与培养目标，复旦大学新闻学系制订了教育计划，其要点有三：

一是加强政治政策的学习。复旦大学教务会议确定"新民主主义论""社会发展史"和"政治经济学"三门课程为全校所有学科或专业共同的必修课程，取消原来的"三民主义""伦理学"

---

① 《1949—1952年教学计划》，复旦大学档案馆藏。

"理则学（逻辑学的旧译——作者注）""自然科学""社会科学"五门必修课程。为了加强政治、政策的学习，新闻学系除了上述三门全校性政治课程为必修课程外，还决定另加"辩证唯物论""政治学"等为必修课程，旨在加强马克思主义教育，使新闻学专业学生能真正掌握马克思主义的观点、立场与方法这一思想武器。此外，新闻学系还增加"专题讲座"一课，讲解各种政策与业务经验，旨在加强与实际业务工作的联系，将马克思主义基本原理与新闻工作实际相结合，培养学生运用马克思主义思想武器于工作实践之中。据记载，新闻学系先后开设过的专题讲座，有新闻自由、报纸的通俗化工作、军事新闻宣传工作、农业生产政策、报纸的发行工作、广播事业、从土改看农村文化之发展、朝鲜前线的通讯工作等。

二是确立新闻学专业课程并编写教学大纲。作为新闻学入门课程的"新闻学概论"，原来由从英国留学归来的曹亨闻讲授，1950年由刚从华东新闻学院调入新闻学系的余家宏接任。余家宏主讲的"新闻学概论"这门课程，其主要目的和要求：一是讲授唯物新闻观的基本理论，人民报纸的性质和任务，使学生明了人民报纸的性质，树立正确的新闻观；二是介绍新闻工作的基本知识，使学生初步了解新闻工作相关情况，为今后从事新闻工作做好学习上的准备。"新闻学概论"共分为五个章节，最为突出的就是对"唯物新闻观"的强调，从真实性、群众性、阶级性、战斗性四个角度阐述了对无产阶级新闻观的理解。在课程讨论设计中，还举例要求学生探讨"现在可能也有盗窃和自杀的事件发生，但目前报纸上很少刊登，这是否违反了新闻的真实性？"这样的问题设置，说明了当时新闻教育界对于新中国成立后一些媒体的表现具有反思意识，能够敏感捕捉并且加以判断。此外，学生讨论话题中还有"怎样衡量一个新闻政治性的强弱？政治性强的新闻是否就枯燥无味？为什么？"作为新闻学专业的入门课程，这样的讨论对于新闻价值观念的培养无疑具有积极作用，教材紧密联系新闻界真实情况，对于新闻生产一线问题的清醒认识和反思意识在当时的政治环境中是十分难能可贵的。这一时期对于报纸功能和作用的认识已经受到了苏联的影响，在讲述人民报纸的作用中，共分两节，分别是"报纸是政治斗争的武器"以及"报纸在新民主主义建设时期的作用"，讲述重点在于用苏联和中国的历史事实以及革命领袖早期办报事迹说明报纸在革命斗争中的动员和组织作用，说明"报纸是推动工作，建设国家的工具，是党在思想上、政治上的领导中心"。对于报纸社会功能的认识，基本的指导思想就是"联共中央、斯大林及伊里切夫等对党报的指示"，并具体到报纸编辑生产环节，介绍苏联的采编合一制度的优越性。

同"新闻学概论"相似，"通讯工作"这门课程也同样表现出对于苏联新闻理论的借鉴。"通讯工作"共五章，将1951年新闻总署办公厅编的《联共（布）高级党校新闻班讲义选译》作为最后一章节的内容，并且推荐阅读葛烈勃涅夫写的《报纸编辑部的群众工作》。"新闻摄影"类课程，也通过增加新闻图片的战斗性内容加强政治性，并围绕政治性内容展开深入讨论。此外，将原有的专业技术性、管理性课程，如速记学、印刷学、校对术等一律删除。新闻人才知识结构从采、写、编、评、摄影、校对、印刷的全流程培养逐渐集中在采写编评部分。新闻事业管理类课程的删除，反映了计划经济体制下的新闻事业不存在市场经营的理念。

三是继承通识教育的传统，突出专业侧重。新的教学计划将19％的学分用于辅修课程，按照新闻内容性质的不同，在修完基础课程后开始进行有侧重点的培养，并且增加了辅修课程的种类和比重，四个辅修小组增加了从属于其他学科的地方行政、文艺学、货币与信用、外交史课程，充分利用复旦大学作为综合性大学的学科优势，通过不同院系的互助和资源共享，实现了新闻人才复合化的构想。

在外语学习上，俄语已经超过英语成为事实上的第一外语。在新闻学系历史上，一直都非常强调英文课程，重视学生对于英文新闻翻译、写作的能力。但是，这一时期，根据选课情况，学生选修俄语的人数远远大于选修英语人数，可见当时学生的认识倾向和对于形势的理解，也是新闻学专业课程向苏联靠近的必然结果。

这一时期借鉴苏联新闻教育经验后确立的新闻学专业课程以及编写的课程教学大纲，一是表现出复旦大学新闻学系的专业课程已经完成了对资产阶级新闻学的改造，表明了对"旧思想"的态度。"我们的报纸与资产阶级的报纸代表了两个不同阶级立场。资产阶级报纸的超阶级说法，事实上就是隐蔽他们的阶级立场的幌子。"[1] 二是将苏联的新闻学理论和实践放在榜样地位。以具体的讲课内容为例，在讲授人民报纸的任务时，对于报纸功能的认识最基本的指导思想就是"根据斯大林、联共中央和真理报对报纸工作的知识以及今日报纸的宣传任务和作用，阐明列宁的

---

[1] 《1952年新闻学概论教学大纲》，复旦大学档案馆藏。

'报纸是集体的宣传者、鼓动者和组织者'的新闻学说"[1]。在整个课程布置的阅读材料中，苏联新闻理论占到了一半，充分体现出以苏联为师的显著特点。

1951年，中共中央宣传部召开新闻教育课程改革会议，中宣部和新闻总署派员参加复旦大学新闻学系的讨论。根据各方面意见，当时复旦大学新闻学系的课程设置，分为政治思想、文化知识、新闻业务三大部分。其中政治思想课程约占学分的26%（在此之前仅占15%），新闻业务课程约占40%，文化知识课程约占34%。

1952年9月全国进入了全面学习苏联运动后，复旦大学新闻学系进一步修订教学培养计划，取消了学分制和分组制，培养目标也按照苏联的说法修改为"有巩固基础、发展前途的新闻文字工作者"。11月，王中在一次会议上传达了"中苏友好月"的活动计划，其中特别强调了"苏联专家提出六个做好课改的条件"。新闻学系的全部教师，分别制订了学习苏联先进科学的计划（见表3-1），大部分老师还参加了复旦大学工会组织的俄文学习班。

表3-1 新闻学系教师学习苏联先进科学的计划[2]

姓　名	个人专研科目	主要学习材料	教学组共同学习科目
曹亨闻	辩证唯物论	马克思主义辩证方法	新闻事业史
沈秉元	辩证唯物论、俄文		新闻事业史

---

[1] 《1952年新闻学概论教学大纲》，复旦大学档案馆藏。
[2] 《1952年度教学改革》，新闻学系档案编号10，复旦大学档案馆藏。

续　表

姓　名	个人专研科目	主要学习材料	教学组共同学习科目
汪英宾	辩证唯物论、俄文		新闻事业史
舒宗侨	辩证唯物论、俄文	马克思主义辩证方法	新闻事业史
赵敏恒	俄文		新闻事业史
朱振华	联共党史、俄文		新闻事业史
郑北渭	无产阶级新闻学理论	联共高级党校新闻班讲义	新闻事业史
余家宏	苏联史	苏联科学院编苏联史	新闻事业史
伍必熙	俄文、苏联新闻史		新闻事业史
程博洪	马列主义理论	马克思主义基础课教材	新闻事业史
胡其安	国际时事	时事课参考材料	新闻事业史
张四维	国际时事	时事课参考材料	新闻事业史

在此背景下，复旦大学新闻学系自 1952 年起又开始了新一轮的进一步学习苏联经验的教学改革活动。新闻学系总结了该系三年来的教学工作，认为："本系过去方针任务不明确，教材与教学内容都没有计划，不能和实际密切联系，教师教学、学生学习的信心都不够高，解放以来学生一直说新闻学系'空'，就是这根本问题没有解决之故。本年度本系教师自学苏联经验，并参照莫斯科大学新闻专业教学计划制订了本系的教学计划，确立了本系的方针，任务是培养报纸的文字工作者，本年度教学工作的要求就是根据这一个方针试行新的教学计划，做好基础工作。"①

① 《1952 年度教学改革》，新闻学系档案编号 10，复旦大学档案馆藏。

在这里，新闻学系第一次明确提出学习苏联模式，参照莫斯科大学的新闻专业教学计划来修改自己的课程。此时，全国对口学习苏联的高潮尚未到来，复旦大学新闻学系已经率先迈出了一步。这种积极主动向苏联模式靠拢，一方面是由于当时全国大的政治背景影响，而另一方面则是因为在创建新型的新闻学模式的过程中苏联是唯一可以学习的对象。面对学生对新闻学科内容的质疑，学习榜样是"稳定军心"的捷径，学习苏联经验是复旦大学新闻学系的必然选择。

经过深刻反思，复旦大学新闻学系参照莫斯科大学新闻学系教学大纲，推出了以下改进举措：

一是加强教学组织，突出教研组和教学小组的工作方式，不断研究课程教学大纲。在复旦大学新闻学系档案中，保存了从1951年到1957年之间的会议记录，这些以教学讨论为主要内容的会议，各教师不断探讨修改课程内容，删减、斟酌、调整，不断摸索探寻课程内容的最佳表现形式，以民主的方式促进了新闻学系教材的完善，界定划分不同课程的内容，对于新闻理论本身是一种有效的整理。

根据教学中存在的"课程内容重复，重点不突出，没有专业性"等问题[①]，新闻学系教师按照教学科目成立了教研组，讨论教学内容，互学互助。教研组的成立，促进了新闻学系教师之间的交流和合作，有助于从整体系统的角度梳理新闻教学课程（见表3-2）。

---

① 《1951年度教学总结》，新闻学系档案编号12，复旦大学档案馆藏。

表 3-2　复旦大学新闻学院 1952 年新闻教研组成员表

	教学小组	包括课程	组长	成员姓名
新闻学教研组负责人：赵敏恒 秘书：张四维 小组成立时间：1952年7—12月	新闻学理论	新闻学概论、新闻事业史	曹亨闻	曹亨闻、王中、余家宏、伍必熙
	新闻采访与写作	二年级新闻采访与写作、三年级新闻采访与写作	赵敏恒	赵敏恒、舒宗侨、张四维、朱振华
	新闻编辑	新闻编辑、报纸群众工作	吴建	吴建、朱振华、郑北渭
	英文新闻	英文新闻文选、英文新闻翻译	曹亨闻	赵敏恒、曹亨闻、郑北渭
	时事及地理	世界经济及政治地理、时事分析、逻辑、心理学	程博洪	胡其安、石啸冲、沈秉元

二是编写新闻业务课教材。将《新闻学概论》《二年级新闻采访与写作》《新闻编辑》作为重点编写的教材。"这是一项很重要的工作，过去（解放前后）我们就是没有教材，在教学上产生了很多问题，现在我们决定把这三门提纲初稿编好，经过一二年实践，一面再征求本业务权威的意见，成为定稿。"①

这一时期的《新闻学概论》同之前的教学大纲比较已经初步具备了教材的系统性和完整性，课程内容基本确定，课程大纲框架的具体阐述就有一万字以上。在具体讲述中，主要是通过无产阶级报刊和资产阶级报刊的对比说明问题，例如"无产阶级的报纸，代表社会的进步方面，它的阶级利益是符合绝大多数人民的

---

① 《1952 年度教学改革》，新闻学系档案编号 10，复旦大学档案馆藏。

利益的，所以敢于公开宣布自己的立场。无产阶级的利益和广大人民群众的利益是一致的。所以无产阶级的报纸，代表本阶级，同时也即代表大多数人民，有它的严格的阶级性和广大的群众性。我们的新闻言论，以大多数人民的最高利益为准则。在资本主义社会中，报纸是一个赚钱的企业。英美等资本主义国家的报纸，登许多广告，为的是赚钱；它可以受贿登载一条假消息，以达到某个自私的目的。它是为这个或那个资本集团的利益服务"。

"二年级新闻采访与写作"课程作为重点的专业教育，这一时期教学内容逐渐丰富。教学大纲的编写参考了苏联《消息报》记者布朗特曼在联共中央最高党校新闻班的讲义《论报纸上的消息》。课程使用教材分为九个章节，从具体操作方法的角度讲述了新闻采写的流程，大纲后附《解放日报》文教组在 1952 年确定的学校报道重点，方便使用者对新闻生产一线的操作理念有所了解。

《新闻编辑》也以苏联的新闻实践操作经验指导中国报刊的生产。最典型的就是"编辑业务"这一章节，根据彼得库尔科夫《省级报纸编辑部工作的组织》摘要编订，详细讲述了苏联报纸编辑从下午 4 点到晚上 12 点的工作流程，每一个时间节点完成什么样的任务都详细罗列。在这一章节中还以《斯大林格勒真理报》的"党的生活组"为例，描述了该组记者一周之内怎样分配时间完成采访联络任务。苏联的两个例子成了报纸编辑环节的全部课程内容。

三是共同研究新闻事业史以提高业务水平。1952 年之后，新闻事业史成为全系教师的必修课程之一，后来还增加了对新闻事业史教学大纲讨论的内容。教师集体自学行动是提高师资力量的补充措施。同样源于学习苏联新闻教育模式，仿照莫斯科大学教学大纲，突出新闻事业史在新闻学科中的重要地位。1952年的教学改革在总结新中国成立后新闻学系转变过程中产生的问题，突出表现在学科独立性不够，教学工作无法满足学生强烈的求知期待，以至于觉得新闻学系"空"。学生的焦虑促使新闻学系教师对于学科本身进行思考和总结，修订教材，进行教研组讨论会议，集体学习"中国新闻事业史"，提高教师对于学科的认识。

四是加强师资队伍建设。随着招生人数的不断扩大，新闻学系师资队伍建设成为重要问题。1952年，新闻学系选定朱振华、张四维和伍必熙三位助教，计划经过一到两年的培养后担任课程教师。在教学改革计划中，详细记载了助教考核方法和培养过程，赵敏恒和曹亨闻作为新闻学教研组的老教授负责对助教培养监督。

当然，按照苏联新闻教育模式进行的教学改革，遇到了很多实际问题，教师们对于苏联新闻教育内容缺乏了解，对于如何参照苏联模式进行实际教学操作存在很多疑问。根据1952年10月的会议记录显示，会议的主要内容围绕"对于苏联教学计划尚有不明确的地方"展开。舒宗侨提出教学小组要不要听课的问题；张四维提出请高教处协助找新闻学史、布尔什维克新闻事业史以及新闻理论与实践的讲义；沈秉元不明白马克思主义基础的内容、与苏联该课程内容的区别；余家宏提出苏联教学计划中大部分为讲授内容，很少有作业，不知为何的问题；赵敏恒提出按照苏联模式成立的教研组究竟应该包括几门课程的问题；等等。

1954年全国新闻界向苏联学习的运动进入高潮。新闻学系重新编印教学计划。这份教学计划，与莫斯科大学新闻学系教学计划以相同纸张、相同格式的方式前后并列在卷宗之中，足见对学习苏联的重视。

　　根据这一教学计划，新闻学系的基本任务是培养新闻工作干部，即从事报纸、通讯社与广播电台的文字工作者；其培养目标是有巩固基础与发展前途的新闻工作者，因而必须具备以下条件：① 具有工人阶级思想与品质；② 有一定的马克思列宁主义与毛泽东思想的理论基础与辩证唯物主义的新闻观；③ 有相当的文化水平与文字表现力及基本科学知识；④ 有一定业务能力。在课程设置方面的改革，主要有以下几个方面的变化：① 增加了文学类课程，理由是"根据苏联先进教学计划的精神，语言文字学课程的设置本是为培养新闻专业人才服务的"，具体课程有文学引论、中国现代文学、中国古典文学、外国文学、写作练习、语法修辞、中国语言学，学时占到总课程的 21%。② 增加了史地课程，具体有中国史、世界史、现代国家关系史、世界经济及政治地理史，占到总学时的 15%。③ 在新闻学专业课程中开设了中国新闻事业史、世界新闻事业史、苏共报刊史。新闻事业史课程在莫斯科大学新闻学系教学计划中占有极其重要的地位，旨在培养学生能系统和正确地了解新闻事业的发展，并加强学生继承人民报刊的光荣传统的决心。新闻事业史课程内容进一步得到突出，与之前课程内容相比，这阶段新闻事业史的教学内容分类更加详细，中国新闻事业史作为独立课程专门列出。原有的新闻学概论、新闻编辑、报纸群众工作三门课程以及新闻摄影与画刊编辑课程中的"图片宣传"部分合并为新闻工作理论与实践一门课程，课程内容基本按照莫斯科大学新闻学系的《苏联报刊之理论与实践》内容的精神予以调整安排，以符合学习苏联先进经验和理论与实际相结合的原则。④ 在外语方面将俄语排在了英语之前。学生以学习俄语为主，同时选拔新生中少数英语基础及政治条件较好的学生继续学习英语。

1955 年 9 月新学期开始后，复旦大学新闻学系仿照苏联模式，再次进行课程改革，学制变为五年，第五学年基本在新闻单位实习。此外，外系课程减少，原来依托外系开设的经济类、地理类、管理类课程被取消；突出文学课程，强调新闻人才对于语言文字能力的把握，从学科定位来看，逐渐由社会学科向人文学科靠拢；加强历史课程，将新闻事业史和联共党史类的课程定位为必修课程，突出了对学生历史素养的要求。

但是，在学习苏联的整个过程中，始终存在着教师如何将苏联教学大纲"模仿"到中国来的实际困难，新闻学系教师经常表现出迷惑与不解。1954 年 1 月 18 日，赵敏恒在系教学会议上提出："教研组应该注意教学质量的提高，采用苏联教材如何与同学水平相结合，应特别注意教材编写科学性、思想性相互结合以提高教学水平，科学研究如何与教学相结合。"1954 至 1955 年间的一天，学校邀请苏联专家到新闻学系讲课，由于脱离中国实际，讲得很枯燥。王中对教师们说："……我们不能照搬他们的做法，要总结我们自己的办报经验。"[1] 1955 年，复旦大学新闻学系在其工作总结中曾指出了教条地学习苏联新闻教学模式所暴露的一些问题。"'新闻工作理论与实践'部分因学习苏联而结合中国实际不够多（偏高），部分实际材料太多，理论性又差（偏低），有的地方又流于烦琐，因而造成课程各部分内容不平衡的

---

① 《会议记录》，新闻学系档案编号 20，复旦大学档案馆藏。

状况。同时，'新闻理论与实践'和'新闻采访与写作'这两门
课程的讲授、讨论、实习、习作等教学方式在各年级学习中的配
合与学时比例也没有统一的规划，所以在教学过程中教师所花的
力气大而有时效果却不显著。"① 这一切，在当时举国学习苏联
的高潮下，包括王中在内的不少教师虽然逐渐发现问题，从埋头
学习中清醒并思考如何摆脱"迷信"走自己的道路，但也只能停
留在思考层面而无法落实，更无法扭转这一局面。

第三节　1956年复旦大学新闻教育的
　　　　创新性实践

1956年初，新中国社会主义改造即将完成，第一个五年计划
的建设项目全面展开。1月，中共中央召开全国知识分子问题会
议，周恩来做《关于知识分子问题的报告》，传达了毛泽东关于
"向科学进军"的指示。4月，毛泽东在全国最高国务会议上宣布
发展科学文化"百花齐放、百家争鸣"方针（即"双百"方针）。

这一年，复旦大学新闻学系迎来了发展史上不同寻常的一
年。为响应国家和学校的号召，新闻学系制定了《十二年科学研
究工作纲要》。

纲要中有关1956—1957年间的计划包括如下内容：

（1）科学研究方向：根据系目前的业务课程教材情况、苏联专
家所介绍苏联新闻学系的科学研究情况、中央宣传部对马列学院

---

① 《新闻系1954—1955年度下学期工作总结》，复旦大学历史档案新闻学系档案编
号18，复旦大学档案馆藏。

教学的意见、系里的人力和设备情况，决定今后的科学研究方向：

① 关于中国新闻事业史，特别是近代新闻史的研究。关于中国现代新闻史的研究条件还不足，外国新闻史的研究条件还不够。

② 关于新闻工作进展的沿革规律研究。

③ 对当前的报纸和新闻工作实际问题的研究。

④ 对宣传鼓动工作的原则、对各项社会生活报道的研究。

⑤ 对报刊文风的研究，关于报刊上各种体裁、语言、文字的研究。

⑥对资产阶级报刊的研究及批判工作。

（2）目标和具体工作：解决各课教材及参考资料。

① 争取自己编写一本《中国近代新闻事业史》，出版若干册新闻史资料。

② 编写新闻学教科书，主要是新闻学的基础理论知识（新闻工作理论与实践和各种社会生活问题除外）。

③ 了解各国新闻工作状况，围绕外国新闻事业史编写一本书，附带资料性的论文①。

对于 12 年的科学研究工作，纲要主要提出了以下 3 点：一是在 1958—1962 年间"培养科学研究人才 12 人（研究生）"。这是复旦大学新闻学系第一次在本科生教育之外提到发展研究生教育计划，虽然 1957 年的"反右斗争"对新闻学系冲击巨大，但这一培养计划还是在 1961 年实现了一部分，成为中国新闻教育史上的一项重要尝试。二是在 1963—1967 年间加强电视宣传研究，并不断完善新闻设备，甚至"具备世界水平"。三是发展

① 复旦大学历史档案新闻学系档案编号 34，复旦大学档案馆藏。

新闻史资料室、新闻理论与实践资料室，具备全国所有的报纸、期刊、各资本主义国家主要报刊。

为响应1956年"向科学进军"的口号，复旦大学新闻学系在多方面一起发力，搜集古今中外新闻资料、建设新闻理论体系、完善新闻教材。

根据计划，1956年上半年全系教师要完成的科学研究超过20项，研究范围包括：① 报纸研究范畴以上海及其周边地区为主，关注《解放日报》《浙江日报》《陕西日报》《江西日报》《光明日报》《劳动报》；② 对新闻报道分类进行研究，包括财经报道、生活报道、工业报道、图片报道等；③ 不同侧重点的新闻史研究，包括编辑、印刷、出版历史的沿革及某一历史阶段新闻事业史和讽刺文学史，还有以哲学理论对新闻史的思考；④ 不同新闻业务的研究，关注报刊读者意见调查、新闻写作、通讯员培养、读者来信、革命宣传；⑤ 个案研究，对左联、维新派、"五卅"运动某一特定对象的新闻学研究（见表3-3）。

表3-3 复旦大学新闻学系1956年上半年科学研究
（和进修）计划①

序号	题 目	内 容	研究性质	完成日期	执行人
1	《解放日报》党的生活宣传研究	研究3月份《解放日报》中的关于党的生活的各种报道，提出问题供该报参考	报纸研究	5月	徐培汀

---

① 《复旦大学新闻学系1956年上半年科学研究（和进修）计划》，复旦大学历史档案新闻学系档案编号34，复旦大学档案馆藏。

续　表

序号	题　目	内　　容	研究性质	完成日期	执行人
2	《解放日报》工业报道研究	研究 2 月份《解放日报》中的工业报道	报纸研究	4 月	刘同舜
3	《新闻日报》的资本主义工商业社会主义改造的报道	研究 1 月份《新闻日报》中的关于资本主义工商业社会主义改造的宣传报道	报纸研究	3 月	项发良
4	《浙江日报》的农业合作化问题的宣传	研究 3 月份《浙江日报》的农业宣传	报纸研究	4 月	葛迟胤
5	《新闻日报》的图片宣传	研究 1—2 月份《新闻日报》有关资本主义工商业改造的图片宣传	报纸研究	4 月	马棣麟
6	新闻摄影专题报道的研究	研究专题摄影报道的情况、特点与采摄方法	论文	5 月	郑北渭
7	关于报刊读者意见的调查研究	研究如何收集报刊读者对文字和图片的意见	论文	6 月	郑北渭
8	怎样培养和发展通讯员	通过《劳动报》的业务实习，研究报纸对通讯员的培养和教育问题	论文	5 月	叶春华
9	关于读者来信问题	研究报纸编辑对读者来信的处理和运用	论文	7 月	叶春华
10	报纸上工业、运输业的宣传	结合苏共高级党校新闻班讲义的学习和业务机关同志的讲课内容进行研究与完成论文	论文	5 月	刘同舜
11	报纸上的农业宣传	同上	论文	5 月	葛迟胤

续　表

序号	题　目	内　容	研究性质	完成日期	执行人
12	报纸上的财经宣传	同上	论文	5 月	项发农
13	报纸上党的生活宣传	同上	论文	5 月	徐培汀
14	报纸上马克思列宁主义理论宣传	同上	论文	4 月	徐培汀
15	如何把"矛盾论"诸法则运用到新闻史中去	运用"矛盾论"诸法则解释中国新闻事业的斗争与发展	论文	4 月	曹亨闻
16	从社会主义改造的学习中对于对抗性与非对抗性矛盾法则提一些粗浅论见		论文	4 月	曹亨闻
17	革命报刊在"五卅"运动中的宣传鼓动工作	研究革命报刊（主要是党的报刊）在"五卅"运动中动员群众反对帝国主义斗争中起的作用	论文	4 月	宁树藩
18	改良主义维新派新闻编写工作	研究维新派刊物的编写特点及其影响（新闻史教材的补充参考）		7 月	汪英宾
19	中国报刊编辑、印刷和出版的沿革	研究过去中国新闻编辑、印刷和出版的变迁过程	新闻史教材的补充参考	7 月	汪英宾

序号	题　目	内　容	研究性质	完成日期	执行人
20	关于美国和英国工人日报的研究	研究两报载反对帝国主义战争政策、争取工人阶级基本权利的宣传及其特点	论文	6月	刘同舜
21	报纸上的文字体裁	研究各种体裁的形成特点和相互关系以及发展变化的依据	论文	4月	王中
22	新闻的背景	研究新闻的背景的运用问题	论文	4月	邵嘉陵
23	政治性通讯	研究政治性通讯的特点和写作问题	论文	7月	夏鼎铭
24	《解放日报》的评论文章		报纸研究	2月	刘家继
25	评《光明日报》的书刊评台		报纸研究	2月	刘家继
26	《江西日报》的农业合作化生活		报纸研究	2月	夏鼎铭
27	关于依靠贫农办社问题的宣传	以《陕西日报》《河北日报》为研究对象	报纸研究	2月	夏鼎铭
28	如何克服新闻报道中的"公式""八股"		论文	12月	陈裕祥
29	左联成立后各时期的特点	以左联成立到抗日战争时期为研究对象		12月	陈韵昭
30	中国讽刺文学的历史	研究某个时期讽刺文学的背景特点和代表作品	论文		张四维

续　表

序号	题　目	内　容	研究性质	完成日期	执行人
31	新闻摄影的取景与构图	研究新闻摄影与构图对图片宣传的效果和作用	论文	12 月	舒宗侨
32	编辑报纸材料的原则		论文	12 月	朱振华
33	中国人民新闻事业的沿革	研究中国人民新闻事业——中央报纸的沿革，为讲授新闻理论与实践"结论"部分做参考	论文	12 月	余家宏
34	英国外交政策	阐明英国外交政策的经济基础及基本原则，并论述它在当前国际事务中所起的作用和影响	论文	1957 年6 月	胡其安

这份科学研究计划，包含了新闻学理论研究的关注热点和思考问题的方向，覆盖了古今中外的理论与实践，体现出新闻学系教师开阔的研究视野。当然，这一计划具有"冒进"成分，在操作中不可能完全实现。相较于 1955 年新闻学系教师仅完成 9 篇专业论文的撰写（其中一些论文尚处于讨论阶段），教师们的科研热情已受到"向科学进军"口号激发。

1956 年，复旦大学新闻学系在经历了新中国成立以来对新闻教育机构定位的不断摸索与尝试，特别是为 1956 年以《人民日报》改版为代表的新闻工作改革尝试和文化教育界实行"双百方针"、提出"向科学进军"口号的大氛围所激发，在系主任王中的主持下，在科学研究上做出了不少具有突破性、独创性的贡献，在全国新闻界引起了轰动。

1956年，王中已回到新闻学系实际主持系务。当时，新闻学系面临不少急需解决的问题。例如，如何从"学苏联"造成的沉闷局面中解脱出来？王中对盲目学习苏联经验后造成的脱离中国实际、内容枯燥、形式僵硬等现象很不满意，强调要总结我们自己的办报经验。对如何跟上以《人民日报》改版为代表的新闻工作改革的形势，王中认为，新闻教育工作必须与新闻实践工作紧密结合，报社一有动作，新闻学系教师就要能对它做理论分析，并预见它的发展趋向，不能仅仅停留在一般性的读报评报上。当时，新闻学系的教师，特别是青年教师，工作与学习的热情很高，但缺乏实践经验，研究理论的信心不足，不知从何着手。

为了解决上述问题，在王中主持下，新闻学系恢复了新闻学概论、新闻编辑、新闻专题、新闻摄影等课程。9月，王中提出了"破除迷信、坚定信心、组织力量、调动因素"的办系方针。自1956年9月至1957年6月，王中还亲自为高年级学生讲授新闻学原理、评论写作、新闻专题等课程。

为开阔学科视野，王中与郑北渭等中青年教师商量，以新闻系资料室为主体组织编译力量创办《新闻学译丛》。1956年3月，复旦大学新闻学系出版的《新闻学译丛》（季刊）创刊，是国内第一本新闻学译文刊物。该刊创刊号上的《编者说明》云："新闻学系译丛是以介绍苏联、各人民民主国家和资本主义国家各国共产党、工人党和进步报刊的工作经验为目的的一个期刊，它可以作为各兄弟学校新闻学系的教师和学生，以及新闻工作者、宣传系统干部进行研究与工作的参考读物。"事实上，该刊除了介绍社会主义国家和资本主义各国共产党、工人党进步报刊工作经验外，还专门辟出"资本主义国家新闻事业"一栏，大量介绍美国、日本等西方国家的新闻事业、新闻理论发展情况，对新闻价值、读者兴趣、报刊职能等基本理论编发过若干专题研究文章。《走自己的路：新中国新闻教育改革的"先声"》一文曾对该刊所发表的 104 篇文章的内容做过分类统计，其中介绍苏联、东欧人民民主国家的文章数为 53 篇，介绍美国等西方资本主义国家的文章数为 51 篇，后期出版的各期以介绍美国等资本主义国家的情况为主。特别值得一提的是，《新闻学译丛》在国内最先发表介绍西方传播学的文章，引介了"大众传播"一词。具体负责该刊工作的是郑北渭。郑北渭（1921—2012），浙江定海人。该刊实际负责人郑北渭，毕业于教会学校圣约翰高中，因珍珠港事件辍学于圣约翰大学，1946 年在四川成都金陵大学英文系毕业，后在国民政府行政院新闻局任摄影记者、英文编辑，1949—1950 年在美国衣阿华大学留学，获硕士学位。1952 年回国，先在华东师范大学外文系任教，9 月起调至复旦大学新闻学系任教。《新闻学译丛》出至 1957 年 6 月停刊，共出版 5 期。此外，王中还聘请老教授汪英宾和副教授舒宗侨在系学术会议上为青年教师介绍西方资产阶级新闻学理论。

1956 年 5 月，在王中主持下，新闻学系举办了中国报刊史料展览会，新中国成立后在国内为首创。该展览会展出的实物和图片有 400 多件，时间从 1815 年的《察世俗每月统记传》到新中国成立后的报纸，其中有复旦大学新闻学系珍藏的、从上海图书馆借来的，以及复旦大学中文系教授乐嗣炳收藏的大革命失败后在中共地下党领导下工会组织秘密出版的工人小报和传单等。

1956 年间，新闻学系还多次召开老报人座谈会，就新闻理论方面的一些问题与系内教师共同探讨，受王中之邀出席座谈会的大多为上海新闻界的知名人士或代表人物，如舒新城、顾廷龙、李子宽、胡道静、孙恩霖、严独鹤、马荫良等。第一次座谈会的时间是 1956 年 5 月 27 日，第二次是该年 6 月间的一天，第三次是该年 11 月 24 日。会上，大家强调新闻史料重要，上海资源丰富，大有作为。王中的积极性很高，提出开展《中国新闻史料文集》的编辑工作，准备不仅刊登解放区的办报经验，而且还请上海老报人写文章，总结新中国成立前的办报经验。他与浙江人民出版社的老友商议，由他们出版，作为不定期刊物发行。

值得大书一笔的是，1956 年间，王中除了主持系并推出一些新闻教育改革的举措外，还潜心研究中外新闻理论。4 月，中共中央确定"百花齐放、百家争鸣"为党的科学和文化工作的方针。5 月，刘少奇分别同新华社、中央广播事业局负责人谈话，发表了对于新闻工作的重要意见。7 月 1 日，《人民日报》改版。这些，对王中研究新闻理论都有极大的鼓舞与推动作用，使他对理论研究的兴趣日益浓厚。1956 年 7 月至 8 月中旬，王中率领余家宏、郑北渭、朱振华、张四维、居欣如等中青年教师去无锡《工人生活报》、南京《新华日报》、济南《大众日报》、青岛《青岛日报》看望正在那里进行暑期实习的学生，同时考察1956 年以《人民日报》改版为代表的新闻工作改革所带来的成就与问题，以便展开下一步的新闻理论教学与研究工作。他每到一处，都仔细听取报纸工作者的经验和工作中的苦衷，然后加以思考、概括。同时，他也应邀在这些报社的座谈会上发表《办报人要有读者观念》《报纸和读者的关系》等演讲，发表与阐述自己的观点。返沪后，为讲课需要，王中撰写了《新闻学原理大纲

（初稿）》，并据此讲授新闻学原理课程。

《新闻学原理大纲（初稿）》各章的标题为"绪论""新闻事业产生的社会条件""政党与报刊""共产党报刊及其他革命报刊的基本原则""中国报刊""新闻自由问题""出版法""报刊文章体裁""报纸群众工作""采访工作""编辑工作""资料工作""出版与印刷""发行""广告""读者调查""报社组织机构与制度""新闻教育"与"新闻学研究"。虽仅1 000多字，但全面、系统地阐述了新闻学的基本原理，包括当时国内尚未进行讨论的"读者调查""广告"等问题，既集中了前人的成果，又不乏自己的独特观点，是王中研究新闻理论的最重要的成果之一，为中国新闻学走上系统化、理论化和科学化轨道立下了里程碑式的功绩。之后，王中还听取了一些教师的意见，不断进行修改，边讲边改。1957年1月至3月，王中应邀在《解放日报》业务座谈会讲授《新闻事业的发展规律和报纸的职能》，在上海人民广播电台讲课时重点阐述新闻学的形成、发展及其范围，新闻事业的产生、发展、演变规律以及报纸的性质、职能等问题。

这一时期，王中在其包括《新闻学原理大纲（初稿）》在内的新闻理论研究成果中提出的新观点，主要有以下五点。

一是报纸的"两重性"。1957年1月22日，在《解放日报》业务学习座谈会上，王中说："报纸有两重性：一重是宣传工具，一重是商品，而且是在商品性的基础上发挥宣传工具的作用。商品就是要使人买后有用，改进报纸工作，主要是解决如何把报纸变成为群众所需要的东西。"[1] 3月11日，他在上海人民广播电

---

[1] 王中：《新闻事业的发展规律和报纸的职能（1957年1月22日在解放日报社业务学习座谈会上的谈话）》，载《王中文集》，复旦大学出版社，2004，第16页。

台讲课时又解释说，商品性是指报纸的流通方式，报纸是以商品形式流向读者，它不同于标语、口号、传单等宣传品。王中先后对"两重性"有过多种解释：如 A 性、B 性的结合，A 性指报纸向人们提供新闻的性能，B 性指报纸作为政党宣传工具的性能；党报是党的报纸，也是人民的报纸；党报是党的宣传机关，也是党所领导的企业；等等。他还曾把自己说的"要在商业性的基础上发挥宣传工具的作用"，改为"必须结合人民大众所需要的内容和喜闻乐见的形式，才能发挥政治斗争作用"。在讲商品性时，王中没有强调获取利润。他说："商品不能用赚钱不赚钱作为标志"，"社会主义制度下商品生产的目的是满足人民的需要，为人民服务"。

二是新闻事业是社会产物。王中把新闻事业作为一种社会现象来考察，认为新闻事业的产生与发展，同社会需要与社会条件有着密切关系。他认为，社会发展到一定的历史阶段，由于人们对政治、经济，文化各方面的需要产生了新闻事业，它要随着社会条件的变化而变化，要适应社会需要。"新闻事业是社会产物包括了新闻是阶级斗争工具的含义"[①]，这是因为社会需要新闻，不同的党派便以自己的观点和政治目的通过新闻事业影响读者，新闻事业的党派性也由此产生。这是王中当时讲得最多的一个观点，后来人们称为"社会需要论"。

三是办报要讲读者需要。这一观点，后来人们称为"读者需要论"。1956 年 8 月 4 日，王中在南京《新华日报》一次座谈会上的发言中说："报纸要根据读者的需要，只把报纸当作党的宣

---

① 王中：《新闻学原理大纲》，载《王中文集》，复旦大学出版社，2004，第 30 页。

传武器，不把它当成读者要花 5 分钱购买的一种商品，报纸必然不会受到读者欢迎的。"[①] 8 月 10 日，他在《大众日报》编辑部全体干部会议上的报告中再次阐释了"报纸和读者的关系"，认为报纸赖以存在的基础是"供给读者消息，让读者在报纸上说话"[②]。王中对此观点做过如下阐述：资产阶级新闻学把群众作为"顾客"，无产阶级新闻学把群众作为报纸的主人；资产阶级报纸寻求读者不健康的兴趣，无产阶级报刊发展读者正当的兴趣和高尚的情操；办报人要有读者观念，报纸要根据读者需要来办；报纸应该进行读者调查，研究读者心理。

四是按经济区办报。这是王中在 1956 年做了一些调查研究后提出的。他认为，人们的经济、文化等生活都是以交通、文化、经济中心的城市来联络周围地区的，如苏南一些城镇的居民就要看上海的报纸来获取更多的信息。报纸在中心城市出版，发行到周围农村与集镇，传播消息快，内容丰富，更贴近群众生活。因此要按经济区域办报，要以大城市为中心办报，他的这种想法，在学生中和南京、济南、青岛等地报社里讲过，还向有关方面负责人提出过。

五是要重视新闻学研究。王中反对"新闻无学"的观点，在他写的《新闻学原理大纲（初稿）》中，第一讲就是"新闻学的形成、发展及其范围"。他认为，"新闻学是由新闻事业发展的需要而产生的"。第一个办报的人自然不会学新闻学，也讲不出多少道理，以后办报的人多了，并且不断总结经验，上升成为理

[①] 王中：《办报人要有读者观念》，载《王中文集》，复旦大学出版社，2004，第 4 页。

[②] 王中：《报纸和读者的关系（1956 年 8 月 10 日在〈大众日报〉编辑部全体干部会议上的报告）》，载《王中文集》，复旦大学出版社，2004，第 7 页。

论，就形成了对于实践有指导意义的新闻学。新闻学包括历史、理论、应用三个部分，而"以社会诸条件对新闻事业的决定作用为研究重点"①。在报社、广播电台的讲话与讲课中，王中强调要把研究办报和研究看报结合起来。

王中当时提出的这些重视实际，追求新闻事业客观规律的开创性理论观点，受到新闻界的高度关注，并在新闻业务单位产生了激烈的争鸣。

王中之所以在这一时期加强新闻理论研究，还与当时复旦大学新闻学系的教学与科研现状直接有关，意在把新闻理论研究作为新闻系教学改革、联系实际、培养师资及其他多项工作的中心环节。新闻学科如何成为一门独立、完整、系统的科学的理论思考在新闻学系已经酝酿了很久。从无产阶级新闻观的代表恽逸群、王中接管复旦大学新闻学系开始，在修改教学内容的过程中一直存在着对于"新闻学学科建设"的思考和探索。一轮又一轮的教学改革成了新中国成立后新闻学系的主要工作内容，在不断寻找、参照、调整中，多次会议记录都表现出新闻学系的教师对"新闻究竟有学还是无学"存在质疑，影响了新闻教学工作的开展。新闻学系曾组织教师专门对上课时间安排情况进行讲解，以纠正学生选择专业动机不纯的问题。学科的独立地位和专业性如何得到学生认可，成了教师不断思考的问题。在这样的氛围中，王中这样一位具有丰富的新闻实践工作经验的学者，在种种因素的触动之下做出了"理论研究"的尝试，为复旦大学新闻学系接下来的发展指明了方向。

---

① 刘艺：《新中国理论新闻学奠基人王中》，载程曼丽、乔云霞《中国新闻传媒人物志·第八辑》，第300—303页。

第四章 深水静流，在曲折中前行
（1957—1976 年）

第一节 反右派运动的展开及其
对新闻教育的影响

1957 年下半年反右派运动开始后，复旦大学新闻学系受到巨大冲击，在此之前在王中主持下取得的种种成绩被否定与推翻。

1957 年 6 月 8 日，毛泽东起草的《关于组织力量准备反击右派分子进攻的指示》向全党发出了反右派的动员令。同日，《人民日报》发表社论《这是为什么?》，指出："在'帮助共产党整风'的名义下，少数的右派分子正在向共产党和工人阶级的领导权挑战，甚至公然叫嚣要共产党下台。他们企图把共产党和工人阶级打翻，把社会主义伟大事业打翻……"① 反右派运动由此展开。

这场运动立即席卷全国新闻界，使当时新闻业界与学界正在如火如荼地开展的新闻工作改革由此中止。复旦大学新闻学系主

---

① 《这是为什么》，《人民日报》，1957 年 6 月 8 日。

任王中成为新闻界众矢之的，他的新闻学理论观点被定性为反党观点，他撰写的《新闻学原理大纲（初稿）》也被认定是反党、反马克思主义的资产阶级反动纲领。

1957 年 6 月 16 日，《解放日报》最先发表批判王中新闻观点的社论《办报要有立场》，文中认定王中否认报纸是阶级斗争的工具、否认报纸有阶级性。社论发表后，王中很快撰文《论评论文写作和新闻学上的几个问题——评〈解放日报〉1957 年 6 月 16 日社论》，对上述不公正批判提出异议，从论文写法、题目、阶级性、新闻事业起源、报纸属性等方面对该社论予以驳斥，并指出社论对他的著述断章取义、存在多处逻辑错误，再次重申自己的观点，"报纸是阶级斗争的工具，具有阶级性，报纸要和资产阶级思想斗争，要教育人民，这些都是正确的"，但"渊源"和"现状"不能一概而论，社会的经济需要和思想需要催生了新闻事业，报纸是阶级斗争工具是真理，报纸是商品也是真理，两者并不排斥①。在当时的政治环境下，这篇属于学术论辩性质的文章未被刊发。之后，《解放日报》又陆续发表了《王中严重危害新闻事业》《驳王中"关于新闻自由"的问题》《驳王中的反动新闻理论》等批判文章。

6 月 17 日，在《解放日报》发表《办报要有立场》的翌日，复旦大学新闻学系按照工作日程召开系务会议，王中、曹亨闻、汪英宾、舒宗侨、郑北渭、葛迟胤、张四维、宁树藩、伍必熙等教师出席，除了讨论原定议程即研究二年级的中国现代史、新闻采访与写作的课程设置，高年级的新闻事业史课程的时间安排，

---

① 王中:《论评论文写作和新闻学上的几个问题——评〈解放日报〉1957 年 6 月 16 日社论》,《复旦学报（社会科学版）》1980 年第 1 期。

毕业生分配工作负责事宜等问题外，还增加了讨论如何减少批判王中对新闻学系造成影响的问题。

7月1日，《人民日报》发表社论《〈文汇报〉在一个时期内的资产阶级方向》，除了点名批评《文汇报》《光明日报》短期内的基本政治方向变成了资产阶级报纸的方向外，还不点名地批判了复旦大学新闻学系及其系主任王中等教师："这两个报纸的一部分人对于报纸的观点犯了一个大错误。他们混淆资本主义国家报纸和社会主义国家报纸的原则区别。在这一点上，其他有些报纸的一些编辑和记者也有这种情形，一些大学的一些新闻学系教师也有这种情形。"①

6月24日，第二次新闻工作座谈会在北京召开，共400多人参加会议。之前整风运动期间，中华全国新闻工作者协会研究部、北京大学新闻学专业、中国人民大学新闻系于5月16至18日在北京召开过新闻工作座谈会，因而这次座谈会被称作第二次新闻工作座谈会。这次座谈会，就是为了批判5月间召开的第一次座谈会上提出的许多对当时新闻界存在的理论或实践问题的批评意见而召开，旨在解决新闻界内部的"右派"问题。王中奉命前去北京参加第二次新闻座谈会并接受专题批判。王中在会上拒不认错，还据理反驳，常常使会议陷入僵局，因而成为会议的重点批判对象，被认定为"有纲领、有计划篡改新闻事业的政治方向"，"完全是资产阶级右派在人民新闻事业和文教事业中的代理人"②。会议尚未结束，王中被迫回上海交代错误、接受批判。

1958年3月，《新闻战线》发表社论《大家都来批王中》，

---

① 《〈文汇报〉在一个时期内的资产阶级方向》，《人民日报》1957年6月14日。
② 新华社1957年8月1日北京电。

用当时特有的激进色彩批判说："系统地批判王中的反动新闻观点，也如同反掉五气和三个坏主义一样，将会扫除我们前进路上的障碍，卸掉背上的包袱……让我们在整风运动中抽出一定的实践和精力，踊跃参加对王中的反动新闻观点的批判吧！"[①]

除了王中的新闻理论观点受到重点批判外，复旦大学新闻学系在王中主持下开展的所有具有创新性意义的科研活动也都受到批判。例如，1958 年 1 月，《新闻战线》发表《质问〈新闻学译丛〉编辑部》，对复旦大学新闻学系主办的《新闻学译丛》展开批判。该文认为，这本刊物对资产阶级新闻观采取"无选择""无批判"态度，犯了政治性的错误，并上纲上线说："《新闻学译丛》为了宣传资产阶级新闻学可以说是煞费苦心，不遗余力。这个刊物实际上已成为宣传资产阶级新闻观点的阵地。"[②] 最后，文章把矛头指向当时的系主任王中，认为是他的言行对刊物的导向产生了影响。

新闻学系的正常教学工作也因为批判王中受到冲击。1957 年 10 月 24 日，新闻学系根据学校整风大会的意见拟订了整改计划草案，其要点是扭转系的政治方向，提出"新闻学系的主要任务一方面是与王中作斗争，另一方面是全系师生整风，外系课照开，业务课一律不开，做批判、还债者"[③]。外系课程继续，本系课程取消，不仅新闻学科独立性地位受到严重威胁，而且还使新闻学系师生对新闻学科从根本上产生怀疑以致无所适从。

反右派运动的结果，给复旦大学新闻教育带来了巨大创伤。

---

① 《大家都来批王中》，《新闻战线》1958 年第 3 期。
② 何梓华：《质问〈新闻学译丛〉编辑部》，《新闻战线》1958 年第 1 期。
③ 复旦大学历史档案新闻学系档案编号 4，复旦大学档案馆藏。

王中等一批骨干教师被打倒。王中本人虽在批判期间也为此做过多次检讨，但始终不愿承认自己的理论错误，坚持自己的正确观点，因而被定性为"极右分子"，被开除党籍、撤销党内外一切职务。王中在面对疾风暴雨式的批判与冲击时始终坚持追求真理的无畏勇气和科学精神，现已成为复旦大学新闻教育史上一笔宝贵的精神遗产。在一次批判王中的讨论会上，有人问及他今后的研究打算时，他仍然"天真"地提出"想加一个新闻自由与出版法"，因为"外国新闻记者来到中国，总问新闻自由的问题"。因此，他很想搞清楚新闻自由是什么，而不顾这个议题在当时还是一个禁区。此外，与王中一起被划成"右派分子"的还有汪英宾、舒宗侨、徐培汀、葛迟胤等7人，占教师总数（34人）的20%；另有"中右"7人，如果加上去计算的话，则超过40%。新闻学系的学生353人，被错划为"右派"的有25人，占总数的7%。这些"右派"，全属错划，在1979年全部得到改正。其中，汪英宾（1897—1971），安徽婺源（今属江西）人。1921年圣约翰大学政治学系毕业后，进《申报》工作，历任协理等职。1923年去美国深造，获哥伦比亚大学新闻学院硕士学位，回国后历任上海南方大学报学系主任，上海新闻学会主席，《时事新报》编辑主任、总经理等职。其硕士学位论文为英文《中国报刊的兴起》，与戈公振的《中国报学史》在中国新闻史学科中具有同等重要的学术价值。1957年错划为"右派"后，先调离教学岗位，去新闻学系资料室工作。1959年7月调去新疆八一农学院教外文，1971年春逝世于新疆库尔勒农科所。青年教师葛迟胤仅因在一次批判王中的座谈会上说"王中同志是学术问题，不是政治问题"而被划为"右派"，开除团籍，调系资料室工作。

更严重的问题是，复旦大学新闻学系已经初具雏形的社会主义新闻理论体系被全盘否定，新闻教育改革道路严重受阻，所有师生一度陷入迷茫与困惑之中。

1957年12月，为加强对复旦大学新闻学系的领导，中共中央高级党校新闻班副主任丁树奇、教师李龙牧和《人民日报》记者陆灏调来新闻学系工作。丁树奇主持系务工作，1958年3月被正式任命为系主任。丁树奇（1913—2017），1946年2月任延安《解放日报》评论部编辑，后调任新华社总社（太行）评论部秘书，新中国成立后任新华社总社国内部副主任。1954年8月后调任中央党校新闻班副主任，1957年调复旦大学新闻学系工作，任系主任。1958年10月兼任《解放日报》副总编辑，1960年7月调去解放日报社工作，1961年3月调中华书局任副总编辑。

丁树奇、李龙牧和陆灏三人在新闻学理论、历史与业务的研究上各有所长，人称"三教授"。他们来到新闻学系工作后，除了按照组织上的要求完成批判王中这一政治任务外，还加强新闻学系的建设，对新闻学系的发展做出了较大的贡献。

丁树奇来复旦大学前，曾任中共中央高级党校新闻班副主任。新中国成立初期，新闻理论方面研究很少，对于怎样办好共产党领导的媒体还处于摸索阶段，因而组织上要求从多方面研究党的新闻事业，丁树奇选择了新闻史专业，主要的研究方法还是史料的梳理。他和新闻班李龙牧等其他教师一起进行了中国新闻史的编撰工作，完成了新中国成立以前的新闻史梳理，并进行了反复修改，文稿成型后在小范围内刊印。中央党校新闻班仅办了两期后就中止了，因而丁树奇、李龙牧等把中国新闻史研究工作带进了复旦大学新闻学系，加强了后者的中国新闻史研究工作。

丁树奇来到复旦大学后，为了解新闻学系的教学情况，旁听了许多新闻学系课程，发现复旦大学和中央党校的教学有很大不同。中央党校新闻班学员都是有一定新闻实践经验的工作人员，所授课程并不侧重新闻业务，而是重在加强马列主义基本理论知识，授课教师都是马列研究专家。而复旦大学新闻学系学生除了少数调干生外普遍缺乏新闻工作实践的经历，与中央党校新闻班学员相比缺乏了解国家重要政策的足够渠道，笔头功夫即文字表达能力也不够理想，而当时的主流媒介是报纸，对从业人员的文字功底要求很高。此外，新闻教学与实际新闻工作存在脱节情况。丁树奇在旁听报纸编辑课时发现，授课教师缺乏实际操作经验，仅根据书本理论传授报纸排版技巧，不符合报社实际操作要求。

因此，丁树奇提出了他的新闻教学改革的设想，认为新闻人才的必备素养包括三点：一是文字能力，二是政策把握能力，三是实际操作能力。在教学安排上，丁树奇强调要开门办学，加强与新闻业务界的合作，邀请报社一线工作人员参与教学，及时讲解当前重要政策形势，促使学生走出象牙塔，跟上校外的形势变化。

1958 年 3 月，丁树奇、李龙牧、陆灏与新闻学系教师们一起开会研究怎样提高教学质量、做好整改工作的问题，并制订了《关于培养新闻学系学生的初步方案》。方案提出"今后新闻学系毕业生的政治质量必须大大提高"，为保证不再出现重大政治错误，计划从 1959 年起单独招生，严格审查学生的政治和思想情况，并于录取后继续考查，如果出现不适合做新闻工作的情况，使其"争取在一两年内转学他系"[①]。方案规定，新闻学系的学

---

① 复旦大学历史档案新闻学系档案编号 32，复旦大学档案馆藏。

生培养工作，主要从几个方向展开：① 劳动教育。学生除统一参加农村和校内的义务劳动外，还应去印刷厂劳动。② 人生观教育和思想教育。③ 充实新闻学理论课程，"在今后相当长的一个时期内，即以批判资产阶级新闻观点为主要内容"。

根据方案的要求，新闻学系还修订了 1959 年新闻学专业的教学计划。首先调整了学生培养目标，由 1954 年的"有巩固基础与发展前途的新闻文字工作者"修改为"具有共产主义觉悟、又红又专、体魄健全、全面发展的党的新闻工作者"。政治素养被提到至关重要的位置，同时也注重培养学生的综合素质，要求"全面发展"。该培养目标包括思想政治、理论知识、写作能力、实践技能、体育锻炼等五个方面的内容，希望学生通过五年的学习，能够树立共产主义人生观，有坚定的工人阶级立场，能够密切联系工农群众，全心全意为人民服务，养成敢想、敢说、敢做的风格和实事求是的科学态度；掌握马克思列宁主义基础理论，运用辩证唯物主义观察分析事物，具有一定的政策水平；拥有良好的词章修养和文字表达能力，有广博的语言、文学、历史等各方面的基础知识；经过课堂教学和一定时期的基层报纸、省市报纸实习，毕业后能胜任省市报纸、电台和通讯社的采编工作，并具有艰苦朴实、一丝不苟、谦逊的作风；具有健全的体魄，能够担负建设与保卫祖国的职责，达到国家规定的军训及格标准。

为达到以上培养目标，该计划在培养途径中兼顾理论学习和实践锻炼两个方面，五年学制中有三年半时间进行课堂学习，一年半时间从事新闻工作实践。该计划强调，由于新闻工作是政治性极强的工作，政治理论课、新闻业务课、时事政策的学习，每年两三个月的劳动，基层报纸和省市报纸的实践，可极大提高学生政治素养。在劳动、基层工作和办报过程中，要着重从新闻工作者应有的立场、观点、方法、作风、修养方面去考查和锻炼学生。基层报纸工作的锻炼和半年省市报纸实习，可引导学生就实习体会和经验教训进行专题总结，从理论上去说明和研究新闻工作中的实际问题，巩固和提高自己的实习收获，为毕业论文收集材料，酝酿主题。

在课程安排上，各类课程的比例如下：① 马列主义基础理论：社会主义与共产主义概论、中国现代革命史、政治经济学、哲学、马列主义经典著作选读、逻辑学，占总学时 22.7％。② 外国语文：英语、俄语，占总学时 13.6％。③ 语言文学：文学概论、现代文选及习作、古典散文选、中国文学史、外国文学，占总学时 22.5％。④ 新闻学专业课：新闻学概论、新闻采访与写作、中国新闻事业史、新闻摄影、报纸研究等，占总学时 22.5％。

这一教学计划，与之前的教学计划相比，主要有两点不同：第一，突出强调新闻学系学生的政治素质，确保新闻学系培养政治素养过硬的人才，通过多种途径增强学生对党的方针政策的理解并提高思想政治理论水平；第二，注重培养学生实践能力，从劳动教育到基层锻炼再到大报社实习，步步推进，培养学生联系群众、深入实际、调查研究、独立工作的能力，提高学生采、写、编方面的新闻业务能力。

1958 年 9 月 1 日，《红旗》杂志第 7 期刊发陆定一《教育必须与劳动相结合》一文，提出"教育必须为无产阶级服务、教育必须与生产劳动相结合"等主张。9 月 19 日，中共中央、国务院颁布《关于教育工作的指示》，把"教育必须为无产阶级服务、教育必须与生产劳动相结合"提升为教育工作的根本方针，由此开启了"教育革命"的序幕。据此"两个必须"的方针，复旦大学党委提出了把复旦大学建设成为"教育为政治服务、教育与生产劳动相结合的新型共产主义大学"的规划。对此，新闻学系积极响应，开始把"生产劳动"作为这一时期教育工作的关键词。9月27日，新学期伊始，新闻学系师生360多人即被送往宝山县跃进人民公社参加生产劳动与教学活动，至1959年4月才回到学校。

1959年2月，新闻学系依据"两个必须"的方针重新修订了教学计划，其要点有四：一是加强劳动锻炼，学生应有一年时间到农村人民公社从事劳动锻炼。在校期间，每学期也应有一个半月左右的时间进行劳动锻炼。二是加强报纸工作实践，半年在工厂办基层报，半年在省市一级报纸实习。三是每学期有三周时间参加校外的政治运动。四是政治理论课是新闻学系的主要课程，课时数占总课时数的70%，此外30%的课时数中文化基础课占20%、新闻学专业课程占10%。这个教改方案，使"锻炼""劳动""实习"成为大学生活的主流，新闻学专业课程比重压缩至全部课程的1/10，新闻教育的价值被严重低估。

1959年下半年，复旦大学新闻学系开始实行新的教改计划，新闻学系师生不断被抽调前往上钢五厂、江湾公社、上海市建筑工程局、国棉八厂等单位参加生产劳动，同时发挥自身特长，开展基层办报活动，为这些基层单位创办厂报等新闻宣传工具。

1958年开始，面对各行各业"大跃进"的形式，新闻界也提出了新闻工作"大跃进"口号，许多违反科学原则与新闻原则的宣传报道涌现一时。但在"大跃进"的形势下，新闻教育事业获取了较大的发展，主要表现在新闻教育机构的扩建与增设。北京大学中文系新闻专业合并到中国人民大学新闻学系，使中国人民大学新闻学系的教学力量和办学规模大大增强。此外，江西大学、南京大学、杭州大学、西安政法学院、暨南大学、山东大学等高校也纷纷创建新闻学系或专业。1958 年，北京广播专科学校正式成立，系在 1954 年创建的中央广播事业局广播通信技术人员训练班的基础上扩建而成，成为中央广播事业局直属的第一所高等专科学校。1959 年 4 月，北京广播专科学校改建为北京广播学院，成为中国第一所以培养广播电视人才为主的高等学校。至 1960 年底，全国 12 家高等学校设有新闻学系或专业。

在"大跃进"期间，复旦大学新闻学系师生积极开展教学与科研工作，编写并出版了一批综合实践经验与理论储备的新闻学论著，走在当时国内高校新闻学系科的前头，为中国新闻教育的发展做出了贡献。

1958 年间，复旦大学组织开展党的新闻宣传工作专题研究工作。丁树奇、李龙牧将他们带来的中国新闻史的研究成果，结合复旦大学新闻学系原有的资料，与宁树藩等联合编写教材《中国新民主主义革命时期新闻事业史》，全书 30 万字。1959 至 1960 年间，新闻学系师生编选了《毛泽东同志论宣传和宣传工作者的修养》《马恩列斯论报刊》《消息选》《大跃进报纸工作论文选》等 6 本资料集，新闻采访与写作教研组内部铅印《采访·写作·编辑》教材。为此，1959 年 6 至 8 月间，余家宏、张黎洲、居欣如、金维新等青年教师组成教师访问团，赴北京、山西、江苏各大报进行访问与考察。1959 至 1960 年间，新闻学系教师集体编选的《中国报刊研究文集》《中国报刊评论文选》《中国报刊通讯报告选》等，自 1959 年下半年起陆续由上海人民出版社出版发行。

《中国报刊研究文集》于 1959 年 9 月由上海人民出版社出版，是一本有关新闻工作学习的参考书，这本书里所选的文献或论文，大都来自延安《解放日报》、新华通讯社、《人民日报》等党报上发表的社论或其他文章，也收录了一些党的领导人或新闻界领军人物以个人名义发表的论文或评论文章，还有老舍等文学家谈写作的文章。其中虽有一些充满"左"的色彩的文章，但大部分是经得起时代检验的、至今仍有指导意义的讨论新闻理论、新闻业务的文章。该书分成"报纸的性质和任务""新闻战线上的两条道路的斗争""新闻工作的群众路线""新闻工作者的业务修养" 4 个部分。在第一部分"报纸的性质和任务"中，陆定一《我们对于新闻学的基本观点》一文，用辩证唯物主义的哲学观，阐述了无产阶级新闻学最基本的问题，即新闻的本源问题；提出新闻工作者要做"人民的公仆"，办报要走群众路线；强调"唯物主义的新闻工作者，无论在采访中，在编辑中，都要力求尊重客观的事实"。1945 年延安《解放日报》社论《新闻必须完全真实》，讨论了解放区新闻报道中出现的"在分寸上夸大的毛病"，旗帜鲜明地指出这种夸大是错误的，并把新闻真实性问题提升到党的领导这一高度进行讨论，强调新闻失实会"影响报纸的威信"和"党的领导"。当时，正值新闻真实性原则受到严重挑战之时，许多新闻报道在"大跃进"的环境下，为了迎合潮流，罔顾客观事实。而新闻学系编选的这部文集收录了党在各个时期强调新闻真实性的文章，激浊扬清，体现了新闻学系同人实事求是、尊重新闻规律的科学精神。在第四部分"新闻工作者的业务修养"中，选有老舍的《文学语言问题》、刘白羽的《论特写》、何其芳的《谈修改文章》、叶圣陶的《谈谈语法修辞》等，以冀对提高新闻工作者与大学新闻学系师生的文字写作水平有所裨益。

《中国报刊评论文选》选辑中共党报在抗日战争时期和解放战争时期的优秀评论，旨在提高新闻工作者的思想水平和评论写作水平。该书肯定了新闻评论的地位，认为评论是报纸的"元帅"，一张报纸所起的组织、鼓舞、激励、批判、推动作用的大小，在很大程度上取决于报纸评论的质量。

《中国报刊通讯报告选》选辑抗日战争以来我国党报和其他报刊上的优秀通讯和报告，分上下两集，上集选辑的是政治和军事方面的通讯，包括伟大领袖毛主席、政治生活、抗日战争、解放战争、抗美援朝、人民解放军在沿海对敌斗争、反右派运动七个部分；下集选辑的是工业、农业、财经、资本主义工商业的社会主义改造、文化教育和国际等方面的通讯。内容丰富，题材多样，涉及政治、经济、社会生活的方方面面，目的在于通过成功案例，在思想内容和写作技巧上供新闻工作者学习参考。

此外，复旦大学新闻学系师生还走出校门做宣传。例如，1958 年 6 月，新闻学系与中文、外文、物理、生物 5 个系的师生共 200 多人，前往上海北郊向农民宣传社会主义建设总路线。

第二节　国民经济调整与新闻
教育的回归本位

1960 年 9 月 30 日，中共中央在批转国家计委党组《关于

1961 年国民经济计划控制数字的报告》中提出了"调整、巩固、充实、提高"的八字方针，国民经济由"大跃进"转入全面调整时期。12 月 24 日至 1961 年 1 月 13 日，中共中央在北京召开工作会议，毛泽东在会上号召大兴调查研究之风，要求 1961 年成为"实事求是年"。

与国民经济调整同步，教育战线也自 1960 年开始进行调整与整顿，以恢复和提高教学质量。1961 年 4 月 12 日，中共上海市委教育卫生部派出调查组来复旦大学调查，后总结出以下经验教训：① "大跃进"期间，课程变动太多，教学质量下降，教学计划与课程设置应该相对稳定。② 反右派运动使得部分知识分子对学术争论普遍存在顾虑，在科研中必须认真贯彻"双百方针"。③ 解决"一律要求"的平均主义思想问题，坚持"全面发展、因材施教"的教育方针。④ 必须妥善处理教学与科学研究的关系[1]。6 月，邓小平召集会议讨论文教工作。会议认为，科学教育水平并不决定于数量，主要是质量，发展速度要放慢，进行调整[2]。9 月 15 日，教育部根据中央指示制定的《教育部直属高等学校暂行工作条例》（简称"高教六十条"）经中共中央批准试行。这个条例比较全面、系统地总结了我国社会主义高等教育建设的经验，提出了比较符合我国高等教育客观规律的各项具体政策，包括整顿"大跃进""教育革命"中打乱的教学秩序，明确规定高校必须以教学为主；肯定教育必须为政治服务的导向，但必须坚决摒弃"左"的理解与做法，划清政治问题、世界

[1] 《复旦大学百年志（1905—2005）》，复旦大学出版社，2005。
[2] 刘文渊、王向田、崔东娟：《〈高校六十条〉与建设有中国特色的社会主义高等教育体系》，载《纪念〈教育史研究〉创刊二十周年论文集（9）——中华人民共和国教育史研究》，2009。

观问题、学术问题间的界限；全面理解教育与生产劳动相结合的内涵，正确处理教育与生产劳动的关系；等等。

在此期间，新闻学系与复旦大学其他系科一起，调整教学计划，教学工作恢复正常状态，教学秩序趋于稳定，教学质量得到提高，并探索出一些根据中国具体情况搞好教学和科学研究工作的经验，出现了一批科学研究的新成果。

1960 年 8 月，新闻学系再次修改了教学计划，将培养目标规定为：新闻学专业应该培养出"心红、眼亮、手巧、足勤"的新闻干部，他们应具有坚定的无产阶级世界观，懂得马列主义、毛泽东思想，经过一定的实际斗争锻炼，有调研和写作能力，能够熟练地运用新闻武器进行战斗，全面发展，一专多能的宣传工作者。这一规定，与 1959 年定下的"具有共产主义觉悟、又红又专、体魄健全、全面发展的党的新闻工作者"相比，更加注重学生的新闻业务能力和综合素质的提高。值得一提的是，之后，李龙牧主持制定的《新闻学系教学和科研工作规划要点》首次在培养目标的表述中加上了"新闻教学和研究人员"一语，因而也相应增加了新闻学理论课程，在 7 门新闻学专业类课程中理论性课程增至 4 门，业务性课程 3 门，其中新闻采访、新闻写作、新闻编辑被合并为一门课程。为了完成培养新闻教学和研究人员这一新任务，研究生教育开始提上议事日程并开始有条不紊地向前推进。

在科研方面，新闻学系教师也同样干劲很足，出现了一批新闻学研究的新成果。1962 年 5 月 27 日，在校庆科学报告讨论会上，复旦大学新闻学系教师踊跃提交论文，有曹亨闻的《关于梁启超后期著作中思想代表性问题的一些看法》、余家宏的《关于报纸工作中联系实际问题》、郑北渭的《摄影创作艺术性初探》、宁树藩的《评中国报学史》、林帆的《新闻语言与新闻写作中的长短句》、夏鼎铭的《新闻的作用》、刘同舜的《关于外国资产阶级报刊产生发展的几个问题》以及王中的《从民立等报看资产阶级革命派的办报思想》。王中被错划为"右派"后，先是去农场劳动，后回新闻学系资料室从事后勤工作。面对巨大的打击，王中没有放弃学术研究，在新闻学系资料室工作期间翻阅了大量报刊史资料，细致研究了数家资产阶级革命派报纸，并与资产阶级改良派报纸做对比分析。1962 至 1963 年间，他集中研究《民呼日报》《民吁日报》《民立报》，并伏案写作，累计撰写了 5 万多字的论文，其中包括他提交校庆学术报告会的《从民立等报看资产阶级革命派的办报思想》一文。新闻学系的学生也积极参加科研活动。"学生进行科学研究的目的，在于提高学习质量，巩固和发展所学的科学知识，培养他们的独立工作能力和给以科学研究方法的训练，在实践中体会理论联系实际的原则，明确科学研究为社会主义建设服务的方向。"[①]

1962 年，新闻学系根据"又红又专"的要求，提出了"两典一笔"的办系思路。"两典"是指马列主义经典著作和中外文史经典著作，"一笔"是指一支能倚马可待的生花妙笔。

"两典一笔"的办系思路，是传承、发扬与光大复旦大学新闻学系 30 多年的办学经验之结晶。新闻学系创立之初，时任系主任的谢六逸在其订立的《复旦大学新闻学系简章》中就指出："普及教育之利器，有赖报章，然未受文艺陶冶之新闻记者，记

---

① 复旦大学历史档案新闻学系档案编号 41，复旦大学档案馆藏。

事则枯燥无味；词章则迎合下流心理；于社会教育，了无关涉。本系之设，即在矫正斯弊，从事于文艺的新闻记者之养成，庶几润泽报章，指导社会，言而有文，行而能远。"① 谢六逸希望通过新闻学专业的教学，培养新闻记者的文艺观念和人文素养，提升新闻业务能力，尤其是写作能力，进而起到指导社会的作用。之后，直至 20 世纪五六十年代，文史类课程的数量一直很多，新闻学系学生必须学习中国古典文化知识，包括古代散文、外国文学、中外历史等，以冀为新闻学系专业学生打下坚实的文史基础。新中国成立后，马列主义、毛泽东思想开始成为包括教育工作在内的一切工作的指导理论，党和国家鼓励教师和学生加强阅读马列经典著作，各高校都开设了马列经典论著和中共党史等课程。新闻学系作为培养党的新闻工作者的教育机构，用马克思主义理论武装头脑，在 1949—1959 年的复旦大学新闻学系教学计划中，其教学工作的开展必须在马列主义、毛泽东思想的指导下展开，新闻学专业学生必须具备"马列主义理论基础""正确的政治立场""掌握政策的能力""人民新闻工作的正确观念"和"巩固的无产阶级新闻观"。至于一支生花妙笔，更是新闻工作者必备的工具与武器，新闻学专业学生必须练就极强的文字表述能力。

把新闻学系 30 多年的办学经验概括为"两典一笔"的第一人，是时任新闻学系党总支书记的徐震。徐震（1929—1993），江苏昆山人，笔名"公今度"。1947 年中学毕业后考入上海国立暨南大学新闻学系，开始参加党领导下的学生运动，为中共地下

---

① 徐培汀、丁淦林：《复旦大学新闻学院（系）分志》，复旦大学新闻学院，1993。

外围组织"雷社"编印《迎春》《黎明》油印刊物，与他人合办《四人丛刊》，开始撰写杂文。1948年在昆山加入中国共产党。1949年9月暨南大学新闻学系停办后转入复旦大学新闻学系学习，1952年7月毕业后留校担任"中国革命史"课程教员，历任校团委书记，校刊主编，新闻系、中文系党总支书记，校党委宣传部部长等职。擅长撰写杂文，主讲杂文与杂文写作等课程。1983年回新闻学系任系主任，后任新闻学院院长，1989年因病不再主持院务工作，1990年卸任。徐震在1959至1962年间担任新闻学系党总支书记，把复旦大学新闻学系的办学传统与经验总结为"两典一笔"，提出新闻学专业学生要"心红、眼亮、手巧、足勤"，走"两典一笔"的"杂家"道路。徐震认为，文科学生在生活实践的基础上，必须学习马列主义经典著作，掌握辩证唯物论的基本观点，同时要广泛阅读中外古典名著，提高语言文字和表达技巧，注重文化素养的提高。"他极力主张文科学生练好一支笔，要提得起，写得出，铺得开，收得拢，挥洒自如，倚马可待。"[1]

"两典一笔"的办系思路提出后，立刻得到系内师生的认同。为了倡导"两典一笔"，将理念落到实处，系里规定每个学生在校期间从300本文史哲规定书目中自由选择50本阅读。实际上，多数学生在五年大学生活中在规定书目内外至少阅读了100多本书籍。为了考查学习"两典"的成效，系里还组织知识测验和学习小组，要求教师要和学生一起读书与参加考试。此外，新闻学系还建立课余"学习小组"，根据学生的业务专长和爱好，分别

---

① 周珂：《痛悼亲人追忆战友——徐震同志生平纪略》，《新闻记者》1993年第8期。

请教师辅导，力求学有所长。

根据"两典一笔"的要求，写作课程数量激增，类别多元，写作训练在课堂内外展开。在五年的学习生活中，写作课程贯穿始终：第一学期读报评报，第二学期采访写作，第三学期文选写作与基础写作，第四学期消息写作，第五学期通讯写作，第六学期评论写作，第七学期杂文、报告文学写作。从开设的课程来看，除培养学生消息写作能力外，还要求掌握其他文体的写作技巧，从记叙到评论，力促学生对各种体裁创作得心应手，游刃有余地适应新闻实践的需要。其中"读报评报"从新闻学概论课程衍生出来的特色教学方式，与 1943 年开办的新闻晚会有异曲同工之处。读报评报与新闻晚会都是师生间的课外交流活动，但其内容则围绕新闻业务展开评论和探讨，可视为是新闻晚会的一种延续和发展。读报评报课程开设后，最先由余家宏、伍必熙等共同开办，教师们白天在教学之余抓紧时间阅读和研究当天的《解放日报》《文汇报》《新民晚报》《青年报》等上海出版的报刊，晚上 8 点 45 分学生晚自修后准时返回宿舍，每个宿舍一份报纸。教师轮流去学生宿舍，以宿舍为单位，组织与引导同学评论当天的报道，讨论报道写作的优缺点，而后由一个同学负责记录，教师再将每周的讨论记录整合，最后将这些建议整理成书面总结材料寄给报社。这一联系实际探讨新闻业务的活动，弥补了低年级学生因为缺乏实践而难于理解理论知识的不足，努力实践"好学力行"。在评论他人文章时，学生们了解了优秀采编的形式和标准，学会正确地使用新闻语言，这为他们日后实践起到了"预备"作用。

这一课外轻松活泼的教学形式，使师生关系更加密切，交流更加通畅。主持这门课程的余家宏，1940 年毕业于复旦大学，长期从事新闻教育工作。1946 年任广州《每日论坛报》编辑，后到上海，在陶行知主办的育才学校任新闻组主任。1949 年上海解放后任华东新闻学院教务处副主任、专修科主任。1950 年调复旦大学新闻学系工作，历任新闻学教研室主任、新闻理论教研组主任、新闻学研究室主任、新闻学系副主任等职，改革开放后主持编写《马恩列斯新闻论著选读》《马克思恩格斯报刊思想与活动》《马列报刊活动编年》等教材，参加系内刊物《新闻学研究》《新闻大学》的编辑工作，合著《新闻学简明词典》《新闻学词典》《新闻学基础》《新闻文存》等。

但是，"两典一笔"的办学思路，在"文革"中成了重点批判的目标，提倡者徐震及李龙牧等教师因此而受到打击与迫害。

除了上述"两典一笔"的办学思路外，复旦大学新闻学系在这一时期对中国新闻教育的重大贡献，还表现在率先尝试研究生教育。

1961 年 9 月，复旦大学新闻学系率先招收研究生，成为新中国成立后第一个尝试新闻学研究生培养的教育机构。虽然 20 世纪 50 年代后期受到了"反右"等政治运动的重大冲击，很多教师、学生思想上都有所畏惧，对于学术研究和教学开展也小心翼翼，但从全国大的环境来看，三年困难时期，群众生活条件艰苦，中央提出"抓理论学习，安心读书，物质上的不足由精神来补充的思想"[1]，再加上复旦大学校园相对宽松的科研氛围，共同促成了新闻学研究生教育在复旦大学新闻学系的起步。

---

① 张玲、金洪海：《中国大陆新闻学研究生教育的产生及发展》，《现代传播》1999 年第 5 期。

11 月，两名研究生王涵隆、徐占焜正式入学，在李龙牧副教授指导下进行中国新闻事业史的研究，计划学制三年，但实际学习了四年，成了新中国历史上最早接受新闻学研究生教育的学生。

这两位研究生的指导教师李龙牧副教授，也成了新中国成立后的第一位新闻学研究生导师。李龙牧（1918—1996），北京人。1937 年 12 月在武昌省立高级中学读书，1938 年起参加抗日救亡工作。1942 年 12 月至 1946 年 5 月，历任湖南衡阳《力报》编辑、编辑主任，昆明《云南日报》编辑，汉口《大刚报》主笔。1946 年在上海参加筹备《新华日报》《群众》杂志工作，后担任上海《文汇报》《文萃》杂志编辑。新中国成立后，任长沙《大众晚报》总主笔，后去北京工作，历任新闻总署研究室秘书、中共中央宣传部秘书室编辑、政务院文化教育委员会秘书、中央高级党校新闻班教员等职。1957 年 12 月调上海复旦大学新闻学系工作，1960 年晋升为副教授，1986 年晋升为教授，在教学与科研上的专长为政治思想史与中国新闻史研究，著有《中国新闻事业史稿》《共产主义在实践中》《五四时期思想史论》的论著。其中《中国新闻事业史稿》获上海市社科优秀成果著作奖与国家教委优秀教材一等奖。作为新闻事业史研究的专家，李龙牧具有深厚的理论功底，对新闻业务也十分精通。在政治思想史与中国新闻史研究上，李龙牧的学术特点是注重史论结合，着重阐释新闻宣传的政治思想倾向与在民主革命中的作用。

李龙牧一人指导两个学生，由宁树藩协助教学。据王涵隆回忆，李龙牧每周开出一批书目让学生自己去看，写读书笔记。笔记本的每一页要留三分之一空白，以便李龙牧做批注。有时候不够写批注，他就裁一张小纸条贴在笔记本上。学习的项目由浅入深，循序渐进。课程分为基础课程和专业课程两类，基础课程有马列主义经典著作和外语。马列主义经典著作包括《共产党宣言》《费尔巴哈和德国古典哲学的终结》《国家与革命》《唯物主义和经验批判主义》《矛盾论》《实践论》等。专业课程包括：第一年以中国近代新闻事业史研究为主，要求学生翻看历年主要的期刊或者相关内容，进行归纳总结；第二、第三年主要阅读原著，包括《毛泽东选集》四卷、《马克思恩格斯选集》《列宁选集》以及有关新闻学著作等。除了理论学习以外，每当国际上发生重大事件，李龙牧还会组织学生探讨对事件的看法，鼓励学生关心时事。这样的课堂讨论、课后阅读、交流读书体会的形式，教师和学生可以就理论、时事进行充分交流，在阅读和思考中读懂理论，在探讨和争鸣中获得真知，至今仍是新闻学研究生教育的重要教学方式。复旦大学新闻学系领先于其他院校，完成了对于新闻学专业研究型人才培养的重要尝试，积累了具有开创性的经验。

当时研究生入学并不需要报考，类似于本科毕业生的一项志愿。据王涵隆回忆，他本科毕业后系里给了两个选择：一是服从毕业分配参与工作，二是攻读研究生。王涵隆决定继续学业，于是与徐占焜一起成了新中国成立后最早的两位新闻学专业研究生。

1962年9月，毛泽东提出要在实际工作中进行社会主义教育。1963年2月，在中央工作会议上，他督促各地注意抓阶级斗争和社会主义教育问题。9月，中央根据"社教"运动的试点情况，制定了《关于农村社会主义教育运动中一些具体政策的规定（草案）》，一方面强调"以阶级斗争为纲"，另一方面又提出"社会主义教育运动"必须执行的正确的方针、政策。此后，中央和地方各级机关分别派出大批工作队，在试点的基础上，在部分县、社展开了大规模的"社教"运动。9 日，高教部转发毛泽东与毛远新的谈话"纪要"，其中就讲："阶级斗争是你们的一门主课。""你们学院应该去农村搞'四清'，去工厂搞'五反'。""阶级斗争都不知道，怎么能算大学毕业生？"12 月 21 日，毛泽东在杭州一次会议上批评说："现在这种教育制度，我很怀疑。从小学到大学，一共十六七年、二十多年看不见稻、粱、菽、麦、黍、稷，看不见工人怎样做工，看不见农民怎样种田，看不见商品是怎样交换的，身体也搞坏了，真是害死人。""要改造文科大学，要学生下去搞工业、农业、商业。至于工科、理科，情况不同，他们有实习工厂，有实验室，在实习工厂做工，在实验室作实验，但也要接触社会实际。"①

在此背景下，新闻学作为文科中与政治联系最为紧密的专业之一，势必受到严重影响。自 1964 年 1 月起，复旦大学新闻学系师生分批下乡参加社会主义教育活动。1965 年 7 月，全系师生下乡参加"四清"。正常的教学秩序再次被完全打乱。

第三节　十年动乱与新闻教育的瘫痪

1965 年 11 月 10 日，上海《文汇报》发表姚文元《评新编

---

① 毛泽东：《在杭州会议上的讲话》，载《毛主席论教育革命》，人民出版社，1967。

历史剧〈海瑞罢官〉》，点燃了"文化大革命"的导火线。1966年5月16日，《中国共产党中央委员会通知》（即《五一六通知》）发出，"文化大革命"由此爆发。

6月3日，复旦大学党委宣布"停课闹革命"，学校的教学和科研工作陷入瘫痪状态，优秀人才横遭摧残，并自此开始连续4年停止招生。6月14日，主持系务的新闻学系副主任伍必熙发表"新闻学系无牛鬼蛇神""是清水衙门"等观点，8天后（6月22日）即被迫下台靠边。8月6至8日，复旦大学校园刮起一阵"斗鬼风"，3天之内有几十名专家、教授和党员干部遭到揪斗和迫害。其中包括徐震（时任校党委宣传部部长）、林帆（新闻学系讲师）等。

1967年7月8日，以学生为主体的新闻学系革命委员会成立。10月14日，中共中央、国务院、中央军委、中央文革小组发出"复课闹革命"的通知，但由于动乱仍在发展而在事实上无法执行。11月13日，解放军毛泽东思想宣传队（简称"军宣队"）进驻复旦大学，其中5人派驻新闻学系。

1968年3月21日，新闻学系教师伍必熙因不堪忍受殴打与迫害而跳楼自杀。7月4日，新闻学系讲师陶凤姣也因受毒打而跳楼自杀。8月26日，工人毛泽东思想宣传队（简称"工宣队"）进驻复旦大学。10月9日，为清理阶级队伍，工宣队为新闻学系教师办抗大学习班。10月16日，曹亨闻教授被迫自杀，终年58岁。曹亨闻（1910—1968），浙江临海人。1933年上海光华大学哲学系毕业后去英国留学，1937年获伦敦大学新闻学硕士。回国后曾参加进步社团反帝大同盟，还将叙述红军长征的书籍译成英文在海外发表。1939年3月起被聘为复旦大学新闻学系教授，主讲过新闻学概论、中英文新闻写作、外国报刊史、中国新闻事业史等多种课程。抗战胜利回上海后曾任《现实》杂志主编。新中国成立后继续在新闻学系任教，靠拢中国共产党和民主党派，新中国成立初期曾与文科师生一起去农村参加土改运动。"文革"期间备受迫害，1968年自杀身亡。著有《论18世纪英国政论新闻学》《人格报纸与报格报纸》《现代报纸的"专栏"与专栏记者》等论文。

1968年下半年，"教育革命"被提上了"文革"的议程。7月21日，毛泽东对《从上海机床厂看培养工程技术人员的道路》的调查报告做了批示；翌日，《人民日报》即刊载这一调查报告，并加编者按。在编者按中将毛泽东的批示公开发表："大学还是要办的，我这里主要说的是理工科大学还要办，但学制要缩短，教育要革命，要无产阶级政治挂帅，走上海机床厂从工人中培养技术人员的道路。要从有实践经验的工人农民中间选拔学生，到学校学几年以后，又回到生产实践中去。"毛泽东的这一指示，被简称为"七二一指示"。为贯彻"七二一指示"，上海机床厂在同年9月即创办起"七二一工人大学"，学制为两年，学生毕业后仍回厂工作。此后，"七二一工人大学"的教学模式逐步向上海市以及全国的工厂企业推广。

与此同时，毛泽东的"七二一指示"，还引发起一场有关"教育革命"问题的全国范围的大讨论。1969年3月29日，《人民日报》发表署名"驻复旦大学工人、解放军毛泽东思想宣传队"的文章《我们主张彻底革命》，指出："有些系，如新闻学系，根本培养不出革命的战斗的新闻工作者。可以不办。"这一表态在全国引起很大反响，紧接着，上海和各地一些报刊连篇累牍地发表文章，鼓吹"堵死"从大学培养新闻工作者的道路。

进入 1970 年后，在集中高校以及各方面意见的基础上，恢复办大学的思路逐渐明确。5 月 27 日，北京大学、清华大学两所高校向中央提交了《北京大学、清华大学招生（试点）具体意见（修改稿）》，其基本思路就是恢复开办大专院校，但学制要缩短，要从工农兵中选拔、推荐学生。一个月后，中共中央批转了《关于北京大学清华大学招生（试点）的请示报告》。紧接着，北京大学、清华大学等部分高校获批自 1970 年下半年开始恢复招生，但招生对象是工人、贫下中农、解放军战士和青年干部，而非高中毕业生，因而被称为"工农兵学员""工农兵大学生"，招生办法是实行群众推荐、领导批准和学校复审相结合。

在上海，复旦大学与同济大学等 8 所高校也自 1970 年起获准招生，招收以参加"上山下乡"的知识青年为主、具有实践经验的工农兵学员。至 1976 年，复旦大学共招收工农兵学员 6 952 名。新闻学系也是在复旦大学恢复招生的一个系科，自 1970 至 1976 年的 7 年间，共招生 362 名。

当时"文革"仍在进行之中，招生工作虽已恢复，年年有新生入学，但教学活动仍不能正常开展。原有的教学与课程体系已被打乱，新的课程设置强调要"破字当头""精简"和"以阶级斗争为主课"，特别是文科要"以社会为工厂""结合战斗任务组织教学"。因此，复旦大学先后与 100 多个工厂、公社、部队等单位挂钩，以执行中央关于工农兵学员"上、管、改"（上大学、管大学、用毛泽东思想改造大学）的要求。1971 年 2 月 16 日新闻学系制订的专业教学计划规定的培养目标是："培养在思想文化战线上宣传毛泽东思想，批判资产阶级，捍卫无产阶级专政的文攻战士；培养运用毛泽东新闻理论，密切联系群众，在新闻战线和基层政宣战线进行战斗的劳动者"。1972 年，根据"进行一次思想和政治路线方面的教育"，新闻学系开设课程"新闻战线两条路线斗争史"，并编写了同名教材。这本教材，虽然也含有不少新闻史知识，但其大方向和基本观点是错误的。

但是，尽管当时的政治环境十分复杂乃至险恶，新闻学系的教师们怀着教书育人的伟大情怀，满腔热情地欢迎新来的大学生，尽心尽力地投入新的教学工作中。除了少数学生以外，大部分学生进校后学习积极性较高，学得了大量全新的知识。有些学生对学校缺乏正常教学秩序十分不满，对不重视理论教学也很有意见，并通过自学予以弥补。这批工农兵大学生，通过学习改变了自身的命运，成为改革开放后新闻事业大发展的一支重要力量。

第五章 改革开放与复旦大学新闻教育的大发展（1976—1988 年）

第一节 从拨乱反正到蓬勃发展

"文革"结束，万象更新，中国进入了拨乱反正的历史新时期。复旦大学新闻学系师生立即开始恢复正常的政治生活局面与教学工作秩序。1977 年 9 月国家决定恢复已经停止了 10 年的全国高等院校招生考试制度，给了正在进行拨乱反正的高等教育工作者极大信心，大大加快了高等教育领域的拨乱反正工作。1977 年间，复旦大学新闻学系重新修订教学计划。根据新的教学计划，四年制本科培养目标是"培养德智体全面发展，能担负省市新闻单位的编辑、记者工作和从事新闻教学、研究的人才"。课程设置上，新闻学专业课程显著增加，占总学时 39％；文化知识课程与政治课程分别占 40％和 21％。此外，作为新闻学专业培养必不可少的教学实习，包括地（市）级新闻单位小实习（三个月）和省（直辖市）级新闻单位大实习（一个学期）两部分。

1978 年 3 月，高考恢复后招收的第一批四年制新闻学专业本科生进入新闻学系，因其为 1977 年经高考录取而仍被定名为 1977 级，共 59 人，年纪最大与最小者相差 15 岁。1978 年 9 月，

1978 级本科生 61 人与"文革"结束后招收的第一批硕士研究生俞旭、倪仁、居延安、秦中河 4 人入学。研究生教育的恢复，缘起于 1977 年 10 月 12 日国务院批转教育部根据邓小平指示制定的《关于 1977 年高等学校招生工作的意见》。意见提出"有条件的普通高等学校要积极招收研究生，努力培养一批水平较高的又红又专的各类专门研究人才"①。1978 年 1 月 10 日，教育部发出《关于高等学校 1978 年研究生招生工作安排意见》，决定将 1977、1978 两年招收研究生工作合并进行，统称为 1978 级研究生。

之后，随着恢复高考后的本科生以及研究生的入学和紧接着改革开放的到来，复旦大学新闻教育与时代共命运，开始步入大发展的历史新阶段。

在拨乱反正期间，新闻学系为在历次运动中遭受迫害的师生平反昭雪做了大量工作。1978 至 1979 年间，"文革"中遭"四人帮"迫害致死的曹亨闻、伍必熙、陶凤姣 3 位教师得到平反；在反右派运动中被错划为"右派"的 32 名师生得到改正，期间 8 名党员和 13 名团员的处分得到复查并重新定性。

在此期间，新闻学系党政领导班子也经过几次调整与安排，自 1979 年 10 月后确立了以王中为系主任的新的领导班子。王中在 1957 年反右派运动期间因坚持真理而成为全国新闻界最大的"右派"之一。"文革"结束后，新闻学系等单位以及一些知情人士多次找组织要求为王中平反。1979 年 1 月 13 日，复旦大学党委做出决议，认定王中的"极右分子"问题属于错划，决定予以

---

① 国务院：《关于 1977 年高等学校招生工作的意见》，国发〔1977〕112 号，1977 年 10 月 12 日。

改正，恢复王中的党籍、职称与行政职务。1979 年 10 月，王中复出并担任系主任。10 月 9 日，新闻学系召开全体师生员工大会，热烈欢迎王中回到系领导岗位。王中在会上发表就职讲话，阐释"施政方针"，并用激动的心情、高昂的语调向学生提出了他的殷切希望："做一个有无产阶级党性的、有正义感的、有科学精神的、敢于讲真话的新闻工作者。"1980 年 11 月，新闻学系行政班子改选，王中继续担任系主任。1981 年 6 月，王中被聘为国务院学位委员会文学分科评议组成员。当时，国务院学位委员会将新闻学专业归入文学分科，王中成为文学分科评议组成员中唯一的新闻学专家。1983 年后，王中因病不再担任行政领导职务。是年 9 月，徐震继任系主任。

　　1983 年后，复旦大学新闻学系开始进入大发展阶段。是年 5 月，中共中央宣传部和教育部在北京联合召开新中国成立以来的第一次全国新闻教育工作座谈会，着重讨论我国新闻教育的发展规划和新闻教育的改革问题。会后，两部委在 1983 年 9 月 10 日给各省、市、自治区党委宣传部、义教办、高教（教育）厅（局）、有关高校、中央各新闻单位发出《关于加强新闻教育工作的意见》的通知，就加强和促进我国新闻教育事业的发展提出了意见。通知认为，目前新闻教育需要在两点上进行加强，其一是"加速发展新闻教育，有计划有步骤地培养新闻干部"，为此需要"扩大招生人数、增设新的专业点、改变专业单一化的情况、多层次地培养新闻干部、加强在职新闻干部培训工作"；其二是"为积极进行新闻教育改革，不断提高教学质量"，"加强对学生的思想政治教育，把德育放在首位、从实际出发，改革招生、分配制度，加强教学工作，改革教学内容和方法，积极开展科学研究，尽快编写出全套新闻学教材、加强师资队伍建设，大力提高教师水平"。

据此精神，复旦大学新闻学系率先朝着创建多元化教育教学体系的方向发展，重点发展学士、硕士、博士 3 个层次的学位教育，同时尽力发展旨在为社会服务的培训教育和社会教育（见图 5-1）。

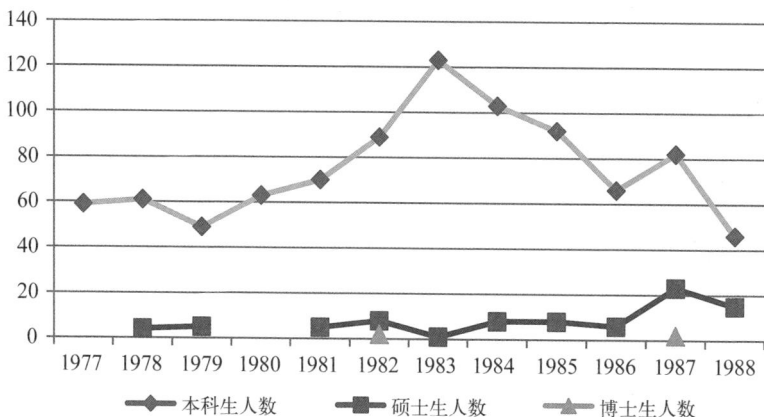

图 5-1　复旦大学 1977—1988 年间新闻学系本科、
　　　　硕士、博士生人数统计

在本科生教育层面，1981 年，新闻学系开始招收海外留学生。1983 年 8 月，新闻学系建立采用本科双学位形式的国际新闻专业和书刊编辑专业。

（1）国际新闻专业。改革开放后，国际间的交流大幅增加。为满足我国对外宣传和国际交流方面人才的需要，教育部于 1979 年即建议复旦大学新闻学系在办好原有的新闻学专业的同时，增设国际新闻专业。据此，新闻学系开始着手筹建这一专业，新建以一名教授和一名副教授为核心的外国新闻事业教研室，并先后招收了 3 届（共 6 名）以英文新闻写作为研究方向的硕士学位研究生以探索培养路径。1983 年 6 月，中央宣传部和教育部根据中央 1983 年 15 号文件的精神联合召开了对外宣传人员培养工作座谈会，并就专业的设置和有关办学事宜做了初步的安排。根据会议要求，复旦大学新闻学系从外文系、国际政治系、数学系、物理系、电子工程系以及新闻学系自身已经学完三年课程、报考国际新闻专业的 200 多名成绩均属优良的本科生中择优录取了 17 名，作为国际新闻专业本科双学位生继续攻读国际新闻专业的第二学士学位。这批学生经过两年新闻专业培训后，毕业时将被授予原专业和国际新闻专业两个学士学位。该专业主要为新华通讯社定向培养国际报道人才，在培养目标上除了基本的政治要求和新闻学基础专业训练之外，还要求学生对于现代国际关系和外国文化有一定的了解，并熟练掌握一门外语，能运用外语进行新闻采编业务活动。8 月 30 日，首届双学位国际新闻专业举行开学典礼，校长谢希德出席典礼。在对首届学员的培养工作进行近半年后，复旦大学新闻学系为夏秋第二次招生工作向教育部正式备文补报，仍计划从已修三年课程的其他各系本科生中择优录取，录取数为 20 名。至 1998 年，为新华通讯社定向培养的国际新闻专业在国家高等教育专业调整中被撤销，改建为普通本科专业，仍名国际新闻专业。

（2）书刊编辑专业。1983 年 9 月，新闻学系建立书刊编辑专业。该专业的招生对象，限在复旦大学文科各系（专业）已修毕两年学业的学生。经推荐和选拔转入该专业的学生需要再用两年时间修读编辑专业教学计划规定的各门课程和应得学分，能掌握马克思主义新闻出版的基本原理和编辑工作的业务知识，熟悉中外图书出版的历史和现状，懂得党和国家的出版政策和有关法令；语言文字和写作的基本功比较扎实；有较为广博的知识，并对哲学社会科学有比较深入的了解；掌握一门外国语。学制累计为四年，毕业时授予书刊编辑专业毕业文凭与学位证书。该专业至 1989 年 7 月后由中文系接办。

（3）广播电视专业。20 世纪 80 年代初，广播电视已成为国际信息传播与交流的主要工具。自 20 世纪 70 年代起，发达国家已开始进行广播电视的教学与科研工作，绝大多数大学新闻院系已将新闻学教学从单一的报学领域扩大到广播电视领域，新闻学科的内容进一步丰富和发展。与此同时，我国电子传播工具在生活中已经不可或缺，广播在全国城乡完全普及，电视机普及率也越来越高。党的十二大以后，中央提出了"四级办广播电视"的方针，对省以下的地（市）和县发展广播电视实行开放政策，极大调动了地方办台的积极性。随着广播电视的迅速发展，专业广播电视新闻业务干部需求量也越来越大。有鉴于此，复旦大学新闻学系根据全国教育工作座谈会精神，计划在 1984 年开设广播电视专业，以培养广播电视系统急需的专业人才，顺应我国广播电视事业日益发展之大势。事实上，新闻学系也已经具备了增设广播电视专业的条件：① 新闻学系已有 55 年的历史，在培养新闻专门人才方面已积累了丰富的教学经验；② 新闻学系在专业教学计划中已为学生开设了若干有关新闻广播、电视的概论与采编业务的专题选修课程，并在设备方面做了一些基本建设工作，从事过新闻广播和电视教学的师资有四五人，筹建新专业有一定的基础；③ 复旦大学是文理科综合性大学，开设广播电视专业所必需的软硬件方面的课程，师资以及相应的工程技术人员，有着基本的保证。因此，1984 年 2 月 28 日，复旦大学向教育部提出申请，请求在新闻学系下设立广播电视专业，全称"新闻广播电视专业",学习年限四年,学生修满专业教学计划所规定的学分、各课程考试成绩合格者,授予新闻学学士学位。该专业旨在培养德、智、体全面发展,能够担任广播电视系统新闻采编工作的专门人才,除开设本科生必修的公共课外,专业课程包括新闻学基础课和广播电视业务专业课两大类。其中新闻学基础课包括新闻理论和采编业务的基础知识,广播电视业务专业课的任务在于使学生了解广播电视新闻的特性以及具备运用广播电视手段的实际能力。该专业招生纳入新闻学系招生的总计划,与新闻学专业共同招生。经两年的专业基础课教学以后,从中选出30名学生定向培养。在选拔中要考虑到新闻广播与电视的特点,对学生的形象和口语表达能力,要有一定的特殊要求。1984年秋,该专业包含在新闻学专业内一起招生,两年后(即1986年)择优录取15名学生转入广播电视专业,毕业后授予广播电视专业学士学位。之后,该专业改为独立招生,即从一年级起即录入广播电视专业。

这些新专业的设置,旨在培养适应新时代的人才需求。

在研究生教育层面,1981年,新闻学系建立新闻学专业硕士研究生点,学制为三年。1984年1月3日,国务院批准《第二批博士和硕士学位授予单位名单》,复旦大学与中国人民大学一起获得新闻学二级学科博士学位授予权,复旦大学新闻学系王中,中国人民大学新闻学系甘惜分、方汉奇三位教授经国务院批准成为第一批新闻学博士生导师。1985年初,复旦大学新闻学系开始招收博士研究生,高冠钢、武伟成为复旦大学新闻学系历史上最早的两位博士研究生。1986年7月28日,经国务院学位委员会批准,宁树藩成为复旦大学新闻学系第二位、国内第四位新闻学博士生导师。宁树藩(1920—2016),安徽青阳县人,

1946 年夏在广东坪石中山大学外文系毕业，1949 年 8 月入上海华东革命大学学习，1949 年 11 月入复旦大学担任政治课助教、讲师，1955 年 9 月转入复旦大学新闻学系新闻史教研组任教。主要从事中国新闻史教学与研究工作，参与编写大陆高校最早的新闻史教材《中国新民主主义革命时期新闻事业史》。1980 年晋升为副教授，1985 年晋升为教授。

在培训教育和社会教育层面，新闻学系以"进修班""证书班""函授班"的形式进行非学位的培训教育，招收的学生属于委培教育性质，且只有复旦大学的培训证书而没有学历学位证书。1984 年，新闻学系建立国家高等教育自学考试新闻学专业专科自考点。

这些形式多样的非学位培训教育活动，以自学考试的规模为最大。除此之外，具有一定规模的有 1982 年的新闻干部专修班、1985—1987 年间的助教进修班、1987—1989 年间的新闻专业证书班、1988 年的干部进修班等，所招生的人数统计如图 5 - 2 所示。

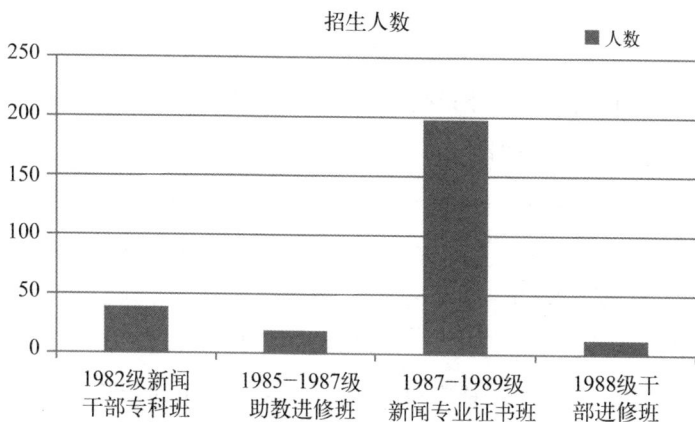

图 5 - 2 1982—1988 年复旦大学新闻学系（新闻学院）进修班学员人数统计

至此，以新闻学专业为主，以国际新闻专业、书刊编辑专业、广播电视专业为辅，另有国家自学考试等其他社会教育、培训教育形式的多元新闻教育体系在复旦大学新闻学系基本建成。

与之相顺应，新闻学系的行政建制，在 1979 年王中主持系务后，原来的各教研组经过一番调整，改建为新闻理论、新闻采访与写作、编辑与评论、文选与写作、新闻摄影、广播与电视 6 个教研室。1983 年徐震主持系务后，在行政建制上形成"一系三专业"的格局，"一系"指新闻学系，"三专业"指国际新闻专业、书刊编辑专业、广播电视专业，均归新闻学系领导。为有利于教务与科研工作的展开，新闻学系设有新闻学研究室和新闻理论、新闻史、国际新闻、新闻采访与写作、新闻摄影、文选写作、广播电视、书刊编辑 8 个教研室。1985 年 6 月 13 日，由新闻学系代管的复旦大学文化与传播研究中心成立，时任新闻学系主任的徐震兼任中心主任，郑北渭任顾问。该中心为我国高校创建的第一个传播学研究机构，主要研究理论传播学和应用传播学。

1984 年，中国新闻教育学会（现改名为中国高等教育学会新闻学与传播学专业委员会）成立，复旦大学新闻学系当选为副会长单位，王中任副会长。

这一时期新闻学院的教师，其数量在学院历史上创最高纪录，加上行政后勤员工，最多时达 99 人。这支教师队伍的年龄结构，从 20 世纪 10 年代至 60 年代出生的都有，年龄相差最多 50 岁的老、中、青几代人一起共事，其中 20 世纪 10 年代出生的有王中、李龙牧、舒宗侨、余家宏等；20 年代出生的有宁树藩、郑北渭、徐震、马棣麟、胡志寰、叶春华等；30 年代出生的有林帆、丁淦林、夏鼎铭、葛迟胤、董荣华、徐培汀、周胜林、姚福申等。由于复旦大学新闻学系在全国新闻学界享有很高的地位，具有很大的影响，不少教师被请出去讲学。当时，新闻教育有"北派""南派"之说，"北派"是指中国人民大学新闻学系，"南派"是指复旦大学新闻学系。1985年，中央广播电视大学开设新闻学专业。在邀请主讲老师方面，认为要体现全国大学新闻教育的水平，要集各家之长，因而虽在北京办学，以邀请中国人民大学新闻学系教师为主，但也邀请复旦大学的教师前去讲课。

尽管师资队伍很强，但作为密切联系新闻业界传统的继承与光大，新闻学系不忘邀请新闻业界人士走进校园，为新闻学系师生带来发生在新闻业界第一线的新事物、新知识与新问题。20世纪80年代初，中共上海市委宣传部部长陈沂、《解放日报》总编辑王维、《文汇报》总编辑马达、上海电视台台长邹凡杨、新华社上海分社社长杨瑛以及老报人陆诒、徐铸成等先后被聘任为复旦大学新闻学系兼职教授。

第二节　科研先行风气的形成与王中的学术贡献

1977年，复旦大学新闻学系在重新修订教学计划时把"从事新闻教学、研究的人才"作为该系的培养目标之一，因而科研工作开始成为与教学工作并列的两大任务之一。当时，拨乱反正在步步深入，新闻改革、教育改革已经曙光初现。这一切，无不

在呼唤科研必须先行一步，为新闻教育改革乃至新闻领域的整体
改革探明前进方向、提供理论依据与实践举措。新闻学科之所以
要科研先行，还有其特殊的社会与历史原因。"文革"中，新闻
事业仅仅成为政治斗争的工具甚至附庸，新闻学被贴上"语录
体"的标签，以致新闻工作一度被视为仅仅是一种"术"，新闻
学能否作为一门科学站立于各学科之林也面临着拷问。为此，复
旦大学新闻学系师生共同致力于新闻学这门具有特殊规律的科学
的研究，积极探索、大胆创新，为新闻学研究与新闻学科建设做
出了巨大贡献，形成了科研先行的良好风气。特别是复旦大学新
闻学系师生在当时提出的许多见解与观点，为中国新闻教育的发
展、新闻教育改革的推进，乃至新闻事业的发展与改革，发挥了
重大的引领作用。

1978 年 3 月，新闻学系重新建立起新闻研究室，恢复了 20
世纪 30 年代的传统设置，余家宏任主任。1978 年 7 月起，新闻
学系先后发刊《外国新闻事业资料》《新闻学研究》《新闻大学》
《新闻学术情报》等学术研究刊物，在国内最先开始搭建新闻学
术讨论与研究的平台。

《外国新闻事业资料》创刊于 1978 年 7 月，季刊，铅印，郑
北渭担任主编。这本自称"作为内部参考之用"① 的铅印品，是
"文革"结束后国内出现的一本新闻学刊物。1980 年 3 月，《外
国新闻事业资料》改名为《世界新闻事业》，仍为季刊，改由舒
宗侨主编，同年 9 月停刊。《外国新闻事业资料》《世界新闻事
业》以引介外国新闻事业与新闻学、传播学为主，主要摘译海外

---

① 《编者的话》，载《外国新闻事业资料》第 1 期封二。

传播学、新闻理论与实务、新闻教育等方面的新信息、新观点、新动态，如在国内最先介绍国外传播学、新闻立法、新闻职业道德建设等。这些资料性文章在该刊发表后，往往都会在新闻学系师生中展开讨论，作为讨论结果的论文则一般都首先刊登在《新闻学研究》上。

《新闻学研究》创刊于 1979 年 5 月，不定期编印，初由余家宏主编，后改由徐培汀主编，旨在为新闻学系师生提供一个束缚较少、可以发表不成熟想法或观点的空间。该刊以发表具有探索与争鸣价值的文章为主，如 1979 年 5 月出版的《新闻学研究》第 1 期就重新发表王中的《新闻学原理大纲（初稿）》，并配有对王中新闻思想进行评价与讨论的 5 篇文章。此外，在 1979—1980 年间，该刊最先在国内提出关于新闻立法、新闻与宣传的讨论等。《新闻学研究》初创时采用油印方式，后改为铅印，主要供系内师生交流与讨论之用，也赠给建立交流合作关系的单位供参考，但明确宣布系内部未定稿，请勿公开引用；如需转载，需征得新闻学院或作者同意。该刊每期发行 200 到 250 份，其中约有 60 份送往其他院校新闻学系和新闻单位。作为新闻学系的内部刊物，作者皆为新闻学系师生，王中、徐培汀等教师成了该刊的撰稿主力，研究生乃至本科生也在该刊上刊登文章。当时还是硕士研究生的李良荣在该刊上发表的篇数仅次于王中、徐培汀两位老师，名列第三。本科生发表在《新闻学研究》上的有第 33 期上刊登的 1979 级的薛石英、罗会文、焦扬、陈国裕等学生修读马列新闻论著和报刊活动这门课程后撰写的读书报告等。《新闻学研究》出至 1985 年 3 月因经费紧张而停刊（见表 5-1）。

表 5-1 复旦大学新闻学院师生在《新闻学研究》上
发表论文数量的统计

数量	作　者
16 篇	徐培汀
10 篇	王中
8 篇	李良荣、章玉梅、林帆、易运文
7 篇	夏鼎铭
6 篇	俞璟璐、秦绍德、余家宏、姚福申
5 篇	谭启泰、宁树藩、陈大维、秦中河
4 篇	丁淦林、葛迟胤、于立凯、张骏德、闻言、詹金生、严石、邬鸣飞、周胜林
3 篇	马光仁、陈雪虎、陈韵昭、辛彬、邬鸣飞、江礼旸、路石、张晨、居延安、恽逸群、朱增朴、范奇辉
2 篇	白丁、章念之、王一敏、舒宗侨、毛用雄、袁雪琴、吴万里、张国良、高国良、黄瑚、黄成炬
1 篇	辛志文、马凤、陈建德、忻文、于平、曾培新、穆森、吕宝康、王洪祥、刘海贵、秦牧（周解蓉记）、一言、丁莅、胡志寰、白慧、周胜林、裴玉章、叶春华、陆云帆、张俊、杨卫平、晓钟、华音、王新友、重章、辛志文、刘海贵、俞旭、周胜、牛海鸣、陈韵昭、漆众、朱家生、徐邦泰、俞旭、魏承史、曹伟光、祝建华、李启刚、赵心树、戎思平、谢国明、陆诒、于起翔、尹德刚、周胜、郑北渭、薛石英、罗会文、焦扬、陈国裕、颜志刚、马闻理、文彦仁、裴正义、姚丽萍、嵇炯、杨瑞明、刘海陵、王方杰、孙杰、叶晶、薛伯清、赵敏、任晓路、姜小玲、王家杰、亦无、吕智凡、潘玉鹏、蔡军涛、俞旭、祝建华、陈怀林、侯明古、赵建华、黄家全、方颂先、王淑梅、张力奋、王国建、王宁、张云梦、郭廷炜、凌荣华、王杰、杨建军、张玮、黄小雄、金忠伟、尹良富、范程拾、潘真、王文坚、章皖、范学慧、王游宇、徐延波、胡玉明（编译）、蔡秀娟、周长新、李卓钧、张卫、龚祯云、董秦、凌健、翁维浩

《新闻大学》创刊于 1981 年 5 月，系复旦大学新闻学系主编的大型学术季刊，由教育部主管，复旦大学主办，浙江人民出版社出版，全国各地新华书店向国内外公开发行。王中担任主编，余家宏协助编辑工作。该刊介绍新闻知识，讨论新闻理论与实践问题，评介中外新闻事业的历史和现状，设有"新闻学入门""世界新闻""采访手记""名记者传""新闻写作""报史研究""编辑知识""写作纵横谈""记者修养漫话""新闻摄影"等栏目，创刊不久即成为国内新闻传播界质量高、影响力强的权威学术刊物，成为当时新闻学专业师生、新闻工作者、通讯员以及新闻爱好者的良师益友。《新闻大学》是一份公开发行的刊物，需要持中以论，不可能像《外国新闻事业资料》《新闻学研究》那样仅仅成为新主张、新观点的发布平台，而必须发表能代表复旦大学新闻学系学术水平的成熟论文，为新闻学界和业界提供一个深入思考与讨论的高质量学术平台。

此外，《新闻学术情报》创刊于 1982 年 3 月，系内学术刊物，不定期编印，出至 1984 年 12 月后停刊，由徐培汀任主编。

20 世纪 80 年代，复旦大学新闻学系正是通过上述学术平台，提出了诸多具有创新性价值的学术观点，在新闻学术史上做出了不少重要贡献，如西方传播学的引进、新闻法与新闻道德的提出、对经济新闻的理论研究、新闻教育研究的开展等。

一、西方传播学的引进

1978 年 7 月，《外国新闻事业资料》第 1 期上发表郑北渭翻译的《公众传播》一文，为"文革"结束后国内最早引介传播学的文章。该文摘译自美国传播学家华伦·K. 艾吉等著的《公众传播工具概论》一书，分为"公众传播工具的意义""有哪些公众传播工具""对读者、听众和观众的一些调查"3个部分，指出传播就是指互相传播信息、思想与态度的艺术；公众传播的工具包括报纸、杂志、书籍、广播、电视、电影，以及前者的辅助机构如通讯社、广告公司或其他机构的广告部门和公众联系部门等；等等。在该文的"译者按"中，郑北渭对"公共传播"的定义、三种职能等做了概括性的总结，其中也有发展性的阐释。当时，中国尚未进入改革开放年代，正在开展真理标准问题的讨论，因而郑北渭撰写的"译者按"，受时代所限，不得不加上大批判的话语。但是，瑕不掩瑜，这篇译文及其按语，把西方的传播学理论与知识介绍进了中国，并由此开始了中国对传播学的研究，具有极为重要的学术意义。11月，陈韵昭翻译的《公众传播的研究》一文在《外国新闻事业资料》第2期上发表。该文摘译自美国传播学者埃德温·埃默里著《公众传播概论》（1971年版），首先提出"为什么要研究公众传播"问题，进而阐述了4个原因：（1）宣传工具的数量增加；（2）各种宣传工具都企图吸引读者注意，竞争加剧；（3）听众数量越来越多；（4）听众趣味变化。在这种情况下，宣传人员已经不能依靠猜想和直觉来把握公众的要求，必须进行专业的公众传播宣传。接着，该文提出公众传播研究的8种类别并分别做了详细的解说：（1）读者群研究；（2）读者、听（观）众的研究；（3）编排的研究；（4）舆论的研究；（5）内容分析；（6）宣传效果的研究；（7）对宣传人员的研究；（8）创造性的研究。

1981年6月，首篇以传播学为研究对象的硕士学位论文《美国传播理论研究》在复旦大学新闻学系通过答辩，作者是复旦大学新闻学系 1978 级硕士研究生居延安。1981 年 12 月，《新闻大学》第 2 期发表陈韵昭撰写的《传与传播》和毛用雄执笔的《重大新闻传播过程的调查》两篇有关传播学研究的论文。《传与传播》一文的重要价值，在于作者用深入浅出的语言介绍了传播学的基本原理。陈韵昭通过"传通"路径的差别，将"传"分为面对面的传和通过媒介沟通的传播，然后以语言符号和非语言符号的配合为例探讨了"传通"符号的多样性与单一性，特别指出了电子媒体的优势和潜力。《重大新闻传播过程的调查》一文则是 1980 年 1 月 26 日新闻学系 1977 级 5 位本科生就当天各新闻媒体报道宣判林彪、江青反革命集团的方式和速率进行调查的结果。此次调查活动，是我国最早使用传播学理论和现代民意测验法所做的调查之一。文章分为三个部分：第一部分"调查方式"，简述了调查的时间、地点、对象分析、手段；第二部分"关于这一消息的传播方式和速率"，则使用图表的方式分析了受访者平时主要的消息来源、消息扩散速度、最初消息来源和两种来源的比较；第三部分"几点意见"，突出了"他人转告"这一传播方式的重要性。

在此期间，日本著名新闻学者、东京大学新闻研究所所长内川芳美于 1978 年 10 月 21 日访问复旦大学新闻学系，并为师生做了讲座《日本大众传播研究的历史和现状》[1]。在讲座中，内川芳美首先提出了"mass communication"一词的翻译问题，该词在日本被翻译为"公众传播"或者"大量传播"，但是译名并不固定，基本是使用原词；然后解释了"传播"和"公众传播"的概念。内川芳美重点介绍了日本传播学的发展历史与概况：日

---

[1] 内川芳美：《日本大众传播研究的历史和现状》，载《外国新闻事业资料》，朴昌根译，仰文渊、周义澄校订，1979 年第 1 期。

本近代新闻出现于 1860 年，自 1929 年东京帝国大学日文学院开设新闻研究室后，日本就开始有新闻学研究，主要是以报刊作为直接对象的狭义新闻学研究，二战后逐渐发展为广义新闻学的公众传播研究。美国的实用主义新闻研究和德国的理论新闻研究都对其产生了较大影响。日本研究界在公众传播过程、传播工具、制度研究等领域均有相当多的成果。

1982 年 4、5 月间，传播学奠基人威尔伯·施拉姆（Wilbur Schramm，又译"宣伟伯"）在其弟子余也鲁教授陪同下来中国访问，并在北京、上海、广州三地讲学，向中国学界系统介绍传播学。期间，威尔伯·施拉姆应邀到复旦大学新闻学系访问与演讲，既是对后者最先推介传播学工作的肯定，也是对后者进一步深入此项工作的推进。

复旦大学新闻学系率先开展传播学研究，早在 20 世纪 80 年代初就得到中央有关部门的支持。1981 年底，新闻学系向中央有关部门报告申请研究国外传播学情况的计划；1982 年 1 月 13 日，有关部门复函支持此项研究。1985 年 6 月 11 至 13 日，由复旦大学文化与传播中心（筹）、新闻学系和上海市委宣传部思想教育研究室联合主办的传播学学科研讨会召开。正是在这次研讨会上，由新闻学系代管的复旦大学文化与传播研究中心于 6 月 13 日正式成立，徐震任主任，郑北渭任顾问。该中心主要研究理论传播学和应用传播学，为我国第一所高校传播学研究机构。1986 年，居延安著《信息·沟通·传播》一书出版。

二、新闻法与新闻道德的提出

1978 年 7 月，《外国新闻事业资料》第 1 期刊有《外国新闻事业动态》，内有一则动态云："美国采访记者新闻自由委员会，向新闻人员指出，去年新国会头 6 个月提出 98 条新法案，影响到报纸的采访和出版物。大多数法案是对舆论工具加上新的限制。新法案包括建议设立《公共秘密法案》，削减对恐怖分子的新闻采访，电视新闻内容的检查等。半年来新法案的数量，相当于上届国会两年通过的法案。"这则动态，在不经意间已经把美国新闻法制情况介绍了进来。之后，该刊在 1978 年 11 月出版的第 2 期、1979 年 2 月出版的 1979 年第 1 期（总第 3 期）也有一些文章的内容涉及西方的新闻法制情况。正是在这一思想氛围中，1979 年 2 月下旬，复旦大学新闻学系 1977 级学生创办的学术团体"四五学会"，在讨论学会成立后的研究课题时提出了"社会主义报刊民主与新闻法"这一全新问题，并以此作为学会成立后首先研究的两个专题之一。之后，在新闻学系师生中引发了有关新闻立法问题的热烈讨论。5 月，新闻学系 1977 级 7 位本科生将讨论结果整理成文，题为《社会主义报刊民主与新闻法》，在复旦大学校庆学术报告会上发表，成为国内最早提出"新闻法"这一概念的文章。7 月，该论文被刊登在复旦大学学生会刚创办的《大学生》杂志上，其影响开始扩展至全国。论文提出并阐释了社会主义新闻法是报刊民主的保障这一问题，认为民主离不开法制，社会主义报刊民主必须要有社会主义新闻法的保障，才能逐步健全，发挥实行社会主义民主舆论工具的作用。1979 年 12 月，《外国新闻事业资料》第 4 期开始刊登专门介绍西方新闻法的文章，如《关于诽谤罪》《谈谈日本的新闻立法》《西方关于新闻自由与新闻违法的一些规定》等。1980 年 3 月，《外国新闻事业资料》改名为《世界新闻事业》，自是年第 3 期开始，开设《新闻法》栏目。1981年2月，《新闻学研究》刊登了三篇有关新闻立法的文章，其中《青年马克思希望有一个出版法》一文从革命导师那里寻找新闻立法的依据。7月，《新闻学研究》刊发《新闻自由与新闻立法》一文，首先探讨不必使用"新闻民主"替代"新闻自由"一词，并进而讨论了新闻自由和新闻立法的关系，认为不存在绝对的新闻自由，必须要接受法律的限制，最后还讨论了社会主义新闻自由和资产阶级新闻自由的区别。

此外，1978年11月，《外国新闻事业资料》第2期已经刊文介绍国外的新闻职业道德及其建设问题，并全文刊载了被认定为早期新闻职业道德建设重要成果的美国报纸编辑协会的《新闻工作准则》。1979年12月，《外国新闻事业资料》刊载《新闻道德的准则》一文，"新闻道德"一词，作为中国改革开放后的新概念首次出现在国内学术刊物上。

三、对经济新闻的理论研究

对经济新闻的关注并不始于复旦大学新闻学系，但相较于其他新闻学术刊物，复旦大学新闻学系主办的学术刊物更加注重对经济新闻报道的理论研究。1980年1月，《新闻学研究》第10期刊出"经济新闻"专题，集中推出了5篇文章，其中《从一切以路线、方针、政策为准绳说开去——谈谈从政治角度宣传经济》一文从理论视角研究经济新闻，指出从政治角度宣传经济，就是要透过现象揭示事物的本质，用事物的本来面目突出其政治意义和经济意义，不是贴政治标签，更不是用主观愿望来剪裁事实，让"事实为政治服务"。

四、新闻理论研究的开展

这一时期，复旦大学新闻学系深感对于王中新闻理论有重新评价的必要。1979 年 7 月，《复旦大学学报》第 4 期发表文章《重新评价王中的新闻理论》，为王中新闻思想平反。1979 年 10 月，王中在复任新闻学系主任后，为探讨新闻学基本理论问题，深化过去的理论观点，开拓新的研究领域，先后撰写《论新闻》《论传播工具》《论宣传》《新闻学的第二课题》《论新闻事业的阶级性》等一系列学术论文，提出与阐述了不少新的理论观点。

（一）新闻的阶级性问题

与 20 世纪 50 年代一样，王中把新闻活动、新闻事业、新闻报道作为一种社会现象进行研究，认为这些都是由客观存在、社会条件以及人类需求来决定的。从这一基本认识出发，王中认为，原始社会就有新闻传播活动，但没有阶级性。阶级出现后，新闻事业被用作阶级斗争的工具，它才具有阶级性。资产阶级和无产阶级都各自运用新闻事业为自己的阶级利益服务。但是，新闻事业阶级性的表现是复杂的，资产阶级报纸有的明确宣布自己的政治宗旨，有的则竭力把"赚钱"同宣传政治主张结合起来，有的甚至也会为了扩大销路而刊登某些不利于本阶级的新闻。无产阶级报纸并非在任何场合公开声明自身阶级性、党派性，而是视具体环境、不同读者对象而定。新闻报道也需要具体分析。"新闻报道是事实的反映，是人的意识活动，并非社会意识。它可以附有社会意识，也可以不附有社会意识，因此，并非全有阶级性。"① 重大的政治新闻当然具有阶级性，而有些新闻，如有关自然现象的新闻，部分科技、文化、体育新闻等，都不必人工贴上阶级性的标签。

（二）新闻的定义

王中分析了中外人士对"新闻"这个词的理解和界定，分析了新闻活动产生、发展的历史条件与物质基础，认为社会的客观存在决定了人类的新闻活动。人类从原始社会开始，为了彼此联系，就需要有传递信息的新闻活动。以后，随着生产方式、社会结构的变更与进步，人际关系更为密切，人们更为关心外界变动的情况，对于新闻的需要因而也更为迫切。可以说："关系决定需要，变动决定新闻。"据此，王中提出新闻的定义是："新闻是新近变动的事实的传布。"② 王中还进一步提出，在实际生活中存在着两个"新闻"概念，上述定义只是其中之一，即"是作为社会现象的新闻活动，不计传播的方式；而另一个专指通过大众传播工具所传播的新闻"③。新闻学术界讨论的新闻价值、新闻的性质等课题，实际上涉及的是后者，它所要解决的是传媒要选择什么样的事实以及如何选择的问题，王中称之"新闻学的第二课题"。然而，除了《新闻学的第二课题》这篇论文外，王中在使用"新闻"这个概念时，往往是不加区分的，有时单指前者或后者。

① 王中：《论新闻事业的阶级性》，载王中《王中文集》，复旦大学出版社，2004，第297页。
② 王中：《论新闻》，《新闻大学》1981年第1期。
③ 王中：《新闻学的第二课题》，载王中《王中文集》，复旦大学出版社，2004，第277页。

（三）新闻与意识形态的关系

王中认为，新闻是事实，意识形态是观念，"只有特定形式的观念，没有事实，那不能构成新闻，只能是评论或学术论文。然而没有观念，只有事实的新闻却是存在的。在有一定观念的新闻中，新闻中的事实和观念是可以分离的，它不像意识形态那样，去掉了观念，什么也没有了。新闻中，读者可以去掉观点，留下事实"①。

（四）宣传学研究

宣传学研究是王中在 20 世纪 80 年代研究的一个新课题。他论述了宣传与政党的关系、宣传的性质、宣传的方法、政党宣传成败的关键等问题，提出"新闻工作者要懂得宣传学"②，因为"既要提供新闻，又要进行宣传，这是报纸的两功能"③。他继续用"张德功"为笔名，撰写《宣传艺术的魅力》一文，介绍莎士比亚的剧本《裘力斯·恺撒》中安东尼和勃鲁托斯的辩论，分析这两个剧中人的演说词的宣传鼓动艺术。

此外，针对当时极"左"思想仍环绕在学术界，有些学者搞科学研究不实事求是，而是靠摸政治风向，迎合领导意图，搞政治标签等怪现象，王中先后发表了《谈谈研究生的科学研究》《谈谈新闻学的科学研究》《新闻学研究中的三个问题》等论文，严正批驳这股学术不正之风。

---

① 王中：《论传播工具》，载王中《王中文集》，复旦大学出版社，2004，第239页。
② 王中：《论宣传》，载王中《王中文集》，复旦大学出版社，2004，第254页。
③ 同上书，第243页。

第三节　大胆开展教学改革，
　　不断推进教学创新

这一时期，复旦大学新闻学系在恢复、传承"好学力行""宣扬真理，改革社会"以及"两典一笔"等宝贵的历史遗产的基础上，紧跟时代前进步伐，大胆开展教学改革，不断推进教学创新。

"文革"结束后，其余波仍在影响着教学工作。为探索新时期新闻教育的模式，弄清新闻教学工作中的疑难问题，复旦大学新闻学系在1979年6、7月间举办了一次全国性的新闻理论教学研讨会。

这次新闻理论教学研讨会的举办，其原因有二：一是全国思想解放热潮的推动。"文革"期间，整个文科教育的核心内容就是"文科要办成写作组"[1]，新闻理论则以"工具论"为核心，培养政治运动的鼓吹手。"文革"结束后，如何在新的社会环境下培养新闻人才，成为新闻界，特别是新闻教育界首先要解决的问题。1979年3月8日，当时主持新闻学系系务的副系主任李龙牧代表复旦大学去北京参加中共中央宣传部召开的全国新闻工作座谈会。会上，时任中共中央秘书长兼中宣部部长的胡耀邦肯定了粉碎"四人帮"以来的新闻工作成绩，特别指出了党的新闻工作的性质、在新时期的任务以及思想解放等问题，鼓励新闻工作者增强光荣感和责任感，把发挥主动性、积极性、创造性和加

---

① 周全华：《"文化大革命"中的"教育革命"》，广东教育出版社，1999。

强党的集中领导结合起来。在李龙牧回校向师生传达会议精神后，新闻学系教师在讨论中提出，新闻实践中提出的理论问题确实不少，但新闻理论研究落后，教师对于研究不仅有畏难情绪，还害怕"闯祸"。有的教师建议，如何正确开展研究，研究哪些问题，需要全国同行好好讨论一番。二是复旦大学新闻学系内部教学工作实践的需要。新闻学概论、新闻理论研究等新闻理论课程一直是复旦大学新闻学教学的特色和重要组成部分。但在"文革"时期，新闻学理论课程改为马克思、恩格斯、列宁、斯大林、毛泽东新闻论著的学习。"文革"虽然结束了，但如何在新形势下讲好新闻理论课仍面临诸多困难，需要全国同行对此展开交流与探讨。

经过两个多月的筹划，1979 年 6 月 27 日至 7 月 4 日，这次新闻理论教学座谈会在复旦大学新闻学系召开。中国人民大学新闻学系、北京广播学院新闻学系、暨南大学新闻学系、广西大学新闻专业、中国社会科学院新闻研究所、中共中央宣传部新闻局等新闻单位都派出代表参会，讨论新形势下新闻理论的教学与研究问题。会后，李龙牧撰写的《新闻理论教学座谈会简报》为《文汇报》的《文汇情况》所转发[①]。

这次座谈会讨论的新闻理论问题有：（1）关于新闻事业的性质、任务问题；（2）关于党性与人民性一致的问题；（3）关于新闻事业与发扬社会主义民主、健全社会主义法制的关系；（4）关于真实性问题。在讨论这些问题时，有详细的阐释，有明确的论断，也有尖锐的意见，气氛十分热烈。例如，对于风行多年的写

---

① 李龙牧：《复旦大学新闻学系举行新闻理论教学座谈会》，载《文汇情况》1979 年第 308 期。

作组、通讯组，不少与会者认为，"统一办理报道工作的办法，是不利于发挥人民舆论作用的"。在当时的情况下，不经过大讨论，不弄清这些新闻理论问题，新闻理论教学就无法开展。这次座谈会，作为新中国成立以来第一次专门讨论新闻理论教学的会议，在中国新闻教育史上具有重要意义。

1980年，复旦大学开始启动学分制改革。自1980级起，新闻学系重新启用学分制，规定学生学满144学分方可毕业。在144个学分中，必修课程为114学分，选修课程为30学分（占21%）。必修课的学分分布为：中共党史，6学分；政治经济学，6学分；哲学6学分；马列经典著作选读，4学分；新闻学概论，3学分；新闻理论研究，2学分；中国新闻事业史，3学分；新闻采访与写作，6学分；新闻编辑，3学分；评论工作，2学分；新闻摄影，3学分；世界政治经济地理，3学分；外国新闻事业，2学分；外语，16学分；基础写作，3学分；逻辑，2学分；中国近代史，3学分；世界近现史，3学分；中国古代散文选，5学分；体育类课程，4学分；校刊实习，6学分；省市报纸实习，15学分；毕业论文，8学分。

从学分的价值分布上来看，思想政治类的课程比例很大，几乎占据了1/6；新闻学专业课程，集中在新闻理论和文史基础的课程上，新闻实务方面的课程偏少，仅15学分。但学分制改革确立的选修课程，则使学生获得了选课自主权。此外，学生旁听他系课程情况也开始成为常态。

学分计算的方式，除体育课两节课一学分外，其余课程均一节课一学分。各门课程均须考试，考试及格，给予学分；不及格，补考及格后给予学分；补考仍不及格，必修课重修，选修课另选。学生要求免修某门课程，必须经过考试，在系领导审批考试成绩同意后，可免修并给予学分。在四年时间内提前修满 144 学分，可给予优秀学生待遇，允许增读若干学分，或提前毕业报考研究生；修不满 144 学分，延长学习年限，或发给结业证书，于两年内来校补考，补考及格后换发毕业证书。

在课程设置方面，新闻学系在改革开放初期确立了体现"两典一笔"新闻教育理念的、由"三大模块"构成的新闻学专业核心课程体系。

第一个模块是马列经典类的课程，主要有中共党史、形势与政策、马列经典名著选读、马克思主义原理和政治经济学 5 门课程。这类课程，旨在培养学生的党性观念，在教学方法上注重研读原著。其中《马列经典名著选读》一课采用领读式教学方法，即教师指导学生在课堂上逐字逐句地研读马列主义原著，并在必要时予以讲解。据丁淦林回忆，李龙牧在指导学生学习列宁的《党的组织与党的出版物》时，既逐句逐段研读，又在讲解时旁征博引、广泛联系历史与现实的事例。20 世纪 80 年代初，这 5 门课程全部为必修。后因教改的不断推进，其中有些课程成为全校文科生的必修课程，新闻学系自己开设的马列经典类的课程也做了一些必要的调整。其中马列经典名著选读一课则一直作为新闻学专业的必修课坚持开设到 20 世纪 90 年代初，后改为马列新闻论著选读。

第二个模块是文史经典类课程，主要有基础写作、文体概论、中国古代散文、中国现当代文学、外国文学等必修课程和杂文写作等选修课程。这类课程的开设，旨在加强学生在文史功力上的锤炼，让学生打下坚实的文科根基。在教学方法上，《中国现当代文学》一课与中文系相比，求广重于求深，在教学上要求对这一时期中国文学的发展历史脉络、重要流派与社团、重要作家与作品均有所了解。基础写作则以课堂写作为主，辅之以教师对学生作业的课堂讲评和师生围绕优秀学生作品的思想内容、艺术技巧等问题的课堂讨论。文体概论主要教授和欣赏诗歌、散文、戏剧、小说乃至电影等各类问题的优秀作品，后与基础写作课程合并。1986年后，新闻学系的文学类课程开始尝试以放录像的形式丰富课堂教学形式。最早是使用投影机，后来使用电视机。张四维主讲的中国古代散文，善于结合新闻写作的需要，讲授语言文字，包括古文古诗词的运用，深受学生欢迎。随着教学改革的深入，学校层面的课程中也增加了文史类课程，如书法、古典诗歌研读、美学、当代争鸣小说、周易概论等课程。

第三个模块是新闻学专业课程，主要有新闻学概论、中国新闻史、外国新闻事业、新闻采访与写作、新闻编辑、新闻评论、新闻摄影等传统课程以及传播学概论、公共关系学概论等新课程。这类课程，旨在让学生全面掌握新闻学理论、知识与技能，使学生具备一个新闻工作者所需具备的专业素养。在教学方法上，既强调夯实新闻理论基础，又注重培养新闻实际工作技能。新闻学概论可以说是新闻学专业基础课程中的基础课程，在一年级第一学期即开设。在当时新闻媒体尚不发达的年代，学生有必要在学习新闻学之始，通过这门课程比较全面地初步了解有关报纸、广播、电视等新闻媒体的理论、知识与技能。为此，新闻学概论往往与读报与评报同时开设。读报与评报这门课程的特点是教师组织学生进行读报与评报，让学生在自己动手写新闻前，先看看报纸上的新闻是怎样的、好新闻是怎样的、不好的新闻又是

怎样的。这门课程与新闻学概论课程相辅相成，相得益彰。自
1983 年后，读报与评报这门课程被并入新闻学概论中，由新闻
学概论的主讲教师及其助教在平时（一般在晚上）组织学生读报
与评报。20 世纪 80 代中期，新闻学系的专业课程逐渐细化，开
设了专业报道、经济报道、法制报道、社会新闻、体育新闻、科
技新闻等专业新闻新课程。单是摄影类的课程，就有新闻摄影、
新闻摄影专题、新闻摄影表现方法、彩色摄影 4 门。

　　特别值得一提的是传播学、公共关系学等全新课程的开设。
这些课程都是在改革开放的背景下复旦大学新闻学系教师以广阔
的胸襟和前瞻的视野大胆学习、吸收、借鉴西方新闻学新知的结
果。新闻学系在国内最先介绍与研究西方的传播学，也最先把传
播学的研究成果引入教学活动，开设有关西方传播学的课程。
1980 年 2 月，新闻学系为高年级开设西方新闻学说介绍选修课，
译介西方新闻理论，其中包括传播学。1981 年春，新闻学系开
设传播学概论课程，由郑北渭、陈韵昭等主讲，最初为选修课
程，但所有学生都选修这门课程并使之成为当时最受学生欢迎的
课程之一，1986 年后改为必修课程。此外，新闻学系在这一时
期还开设了公共关系学课程。公共关系学是传播学应用具体化的
一门学问。公共关系学课程最早在深圳大学开设，不久后，居延
安在复旦大学新闻学系组织起一支教学团队，开设这门课程。公
共关系学课程在复旦大学最初为新闻学专业的选修课程，后改为
面向全校的公共选修课程，广受欢迎，选修人数常有三四百人。
这一时期，新闻学系还开设过面向上海的企业经理和厂长的公共
关系学短期培训班、面向全国的公共关系课程函授班，报名人数
近 25 000 人，并编印了 4 本函授教材，广受欢迎。新课程的开

设，使学生在新闻学专业课程上的选择余地大为扩大，新闻学系教学水平大为提高，与世界新闻教育先进院系的距离逐渐缩短。

当然，复旦大学新闻学系仍重视实务教育，理论学习与实务锻炼并行不悖。所有新闻实务课程都强调新闻实际工作技能的培训，新闻采访与写作以"精讲多练"为教学原则。所有主讲新闻实务课程的教师身体力行，一辈子不脱离新闻采写编评等新闻实践工作，增强自身实战经验，以利于真正贯彻"精讲多练"的教学原则。传统的两次教学实习被纳入培养方案与课程体系之中，历经多次教改而雷打不动。安排在本科二年级的小实习为期三个月，主要在地市级新闻媒体实习；安排在四年级上（后改在三年级下）的大实习为期半年，一般在省、直辖市级的新闻媒体实习。在两次实习中，新闻学系选派青年教师带队并全程陪同，努力保证学生教学实习的质量，同时提高青年教师的新闻实践工作能力。此外，校刊等学校新闻媒体也都成了新闻学系学生日常练兵的重要场地。

为了加强学生的文史知识功底，新闻学系还积极利用全校资源，邀请文史哲等外系著名教授承担诸多课程教学任务，应邀的有中文系的张世禄教授、外文系的杨烈教授等。为了吸收国外的新闻理念，新闻学系还邀请到外籍教授来系任教。

"文革"结束后，全国新闻教育界面临教材短缺的问题。对此，复旦大学新闻学系义不容辞地积极推动教材建设，几乎所有的新闻学系教师都在教学与科研之余参加教材编写工作。早在1977年间，新闻学系就编印了《读报·用报·评报》以及关于摄影知识等的内部自用教材。事实上，这些内部自用教材，由于社会所需而在国内广为流传。紧接着，《中国新闻事业史讲义（新民主主义革命时期）》在 1978 年面世。由于当时还未进入改革开放年代，许多历史问题尚未解决，因而这本教材还有不少旧痕迹，但毕竟能应一时之需而行销甚广。

之后，复旦大学新闻学系编写教材的力度日益加大，1983 年后随着广播电视专业的设立而开始启动广播电视教材的编写工作。1984 年，周胜林、张骏德、刘海贵等编写的《新闻采访与写作》和《消息选评》由复旦大学出版社出版，其中《新闻采访与写作》一书列入国家教委文科教材计划，后再版 7 次，全国发行量共 30 多万册。1985 年，李龙牧著《中国新闻事业史稿》由上海人民出版社出版；余家宏、宁树藩、叶春华主编的《新闻学基础》由安徽人民出版社出版；复旦大学新闻学系新闻理论教研室编写的《新闻学概论》、叶春华著《报纸编辑》由福建人民出版社出版；复旦大学新闻学系新闻摄影教研组编写的《摄影基础教程》、丁法章著《新闻评论学》由复旦大学出版社出版；周胜林著《新闻通讯写作述略》由新华出版社出版；周胜林、严硕勤编写的《新闻采访写作参考资料》《中国新闻通讯选》和《新闻采访写作教程》由中央广播电视大学出版社出版。1986 年，新闻学系新闻史教研室编写的《简明中国新闻史》由福建人民出版社出版；张骏德、刘海贵合著《新闻心理学》由安徽人民出版社出版。特别值得一提的是，复旦大学新闻学系教师编写、由福建人民出版社和复旦大学出版社出版的《新闻学基础教材丛书》，包括《新闻学概论》《简明中国新闻史》《新闻采访与写作》《报纸编辑》《新闻评论学》《摄影基础教程》6 本核心教材，至 1986 年全部出齐，成为国内出版的第一套新闻学系系列教材。1987

年后，《广播电视概论》《广播电视史》《广播采编业务》《电视采编业务》《电视摄录技术》等广播电视专业基础教材，以及居延安编写的《公共关系学导论》等教材陆续由复旦大学出版社出版。

第六章 复旦大学新闻学院的成立与新发展（1988年至今）

第一节 新闻学院的成立与"部校共建"机制的践行

1988年6月10日，中国新闻教育史上办学时间最长、综合实力最强的复旦大学新闻学系改系为学院，复旦大学新闻学院正式成立，复旦大学新闻教育由此揭开崭新的一页。

中国新闻教育事业，自1983年5月中共中央宣传部、教育部联合举办的全国新闻教育工作座谈会召开后开始进入大发展阶段。1984年11月2日，中国新闻教育学会在北京成立。至1987年中国新闻教育学会首届理事会期满时，参加学会的团体会员单位已达46个，全国除西藏等少数几个省、自治区外，都设立了高校的新闻院系或专业，以及各种函授、刊授新闻教育机构，以学历考试为主的国家高等教育自学考试也设有新闻学专业。在此背景下，教育部发出指示，要求复旦大学、中国人民大学的新闻学系将原来的系改建为学院，成为引领中国新闻教育发展的重要基地。根据教育部的指示，复旦大学新闻学系在学校的支持下，立即展开筹建工作，率先建立了新闻学院，成为国内高校最先建立的新闻学院，5 天后，即 6 月 15 日，中国人民大学新闻学院宣告成立，中国新闻教育史进入了"双雄并立"的新阶段。

复旦大学新闻学院是在原新闻学系的基础上扩建的，下设新闻学系、新闻研究所两个机构。新闻学系由原来的新闻采访教研室、编辑与评论教研室、基础写作教研室等部分合并组成，新闻研究所由原来的新闻理论教研室、中国新闻史教研室、新闻学研究室等部门合并组成。复旦大学新闻学院首任院长，由原新闻学系主任徐震担任。1989 年 9 月，因徐震病休，副院长林帆主持院务工作。1990 年 9 月，经教师投票选举，丁淦林出任新闻学院第二任院长。1993 年 12 月，丁淦林不再担任院长，陈桂兰担任常务副院长，主持院务工作，1996 年 6 月后任院长。2000 年 12 月，黄芝晓担任院长。

新闻学院成立后，复旦大学新闻教育进入一个新的发展阶段，逐步形成了一个包括本科生、硕士生、博士生以及博士后、国内外访问学者、进修教师等多层次的新闻传播人才教育与培养体系。

在本科教育方面，新闻学院刚成立时设有新闻学、广播电视、书刊编辑、国际新闻四个专业。1989 年 7 月后书刊编辑专业由中文系接办。1994 年 9 月，增设广告学专业，并招收首批本科生。该专业主要培养广告策划与管理方面的专业人才，主要课程包括有广告学、经济学与新闻传播学三大类。1998 年，根据教育部颁布的普通高校本科专业目录的规定，广播电视专业改名为广播电视新闻学专业，国际新闻专业被并入新闻学专业。2002 年 9 月，新建传播学专业，并招收首批本科生。依据教育部的要求，初建时以网络新闻为方向，后增设媒介经营与管理等方向。此后，新闻学院的本科专业定格在新闻学、广播电视新闻学、广告学、传播学四个专业上。为了有利于四个专业的建设与发展，2001年6月26日，校长办公会议决定，批准新闻学院建立广告学系和广播电视学系。10月，广电专业、广告专业分别扩建为广播电视新闻系、广告学系。2002年4月27日，为筹建传播学专业，经学校批准，新建传播学系。至此，新闻学院形成了四个系（新闻学系、传播学系、广告学系、广播电视新闻系）分别对应四个专业（新闻学、传播学、广告学、广播电视新闻）的教学管理体制与模式。

在研究生教育方面，新闻学院刚成立时设有新闻学（二级学科）的硕士点和博士点。1993年起新增传播学（二级学科）硕士点。1997年6月6日，国务院学位委员会、国家教育委员会颁布新修订的《授予博士、硕士学位和培养研究生的学科、专业目录》，在文学学科门类下增设一个一级学科，名为"新闻传播学"，下设"新闻学""传播学"两个二级学科。1998年6月18日，经国务院学位委员会批准，新闻学院获传播学二级学科博士学位授予权，据此新设传播学博士点。2000年12月27日，经国务院学位委员会批准，新闻学院获新闻传播学一级学科博士学位授予权，并根据拥有一级学科博士学位授予权的单位可以自主设立二级学科点的规定，除了原有的新闻学、传播学两个博士点外，自设广播电视学、媒介管理学等新的博士点。2001年，新建广播电视艺术学硕士点。至21世纪初期，新闻学院形成了新闻学、传播学、编辑出版、广播电视学、广播电视艺术学、广告学、公共关系学、国际传播、媒介管理九个硕士研究生专业，新闻学、传播学、广播电视学、媒介管理学四个博士研究生专业的研究生教育与培养体系。2004年，新闻学院和管理学院合作推出传媒管理方向EMBA项目，在2004年、2005年两年招收了两届学员，大多为中央及地方新闻媒体、政府新闻主管部门及相关企业的高层管理人员，旨在培养媒体管理精英。2009年、2010年，新闻学院受中宣部与教育部委托，连续招收了两届两年制国际新闻传播硕士研究生，培养从事对外宣传、主流媒体国际报道和驻外新闻业务工作的高层次专门人才。2011年，新建新闻与传播硕士专业学位点，最初设有新闻与传播、财经新闻两个方向，后又增设新媒体传播、全球媒介与传播国际双学位项目两个方向，共有四个方向。之后，博士研究生层次的媒介管理学专业后改建为广告学专业，与新闻学、传播学、广播电视学并列，仍为四个博士点；硕士研究生层次缩减为六个硕士学位点，即新闻学、传播学、广播电视学、广告学、媒介管理学、新闻与传播专业硕士学位。目前，新闻学院共设有新闻学、传播学、广播电视学三个博士专业，新闻学、传播学、广播电视学、广告学、媒介管理学五个科学硕士专业，以及新闻与传播硕士专业学位点一个。

这一时期，为国家培养新闻传播高级人才的新闻传播学博士后科研流动站的创建，是复旦大学新闻学院在新闻传播学教育方面的历史性突破。1999年3月，复旦大学新闻传播学博士后科研流动站正式成立，为国内最新创建的新闻传播学博士后科研流动站，丁淦林任站长。10月，中国人民大学博士毕业生陆地作为中国首位新闻传播学博士后入站学习。

新闻学院在学科上的地位也不断提升，在几乎所有的国家有关重点学科的建设项目上均榜上有名。新闻学院的新闻传播学科是具有坚实、丰厚的学科基础的优势学科。1996 年，新闻学院的新闻学专业被列入第一期国家"211 工程"重点学科建设项目。1999 年教育部启动国家级人文社会科学重点研究基地建设项目后，新闻学院代管的复旦大学文化与传播研究中心改建为信息与传播研究中心，2000 年 12 月正式成立，翌年初被批准为教育部人文社会科学重点研究基地，成为当时全国高校中唯一的传播学研究基地。2002 年，教育部开展第二次国家重点学科评定工作，复旦大学新闻学院的传播学学科被教育部评定为国家重点学科。2003 年，承担国家"211 工程"二期项目"媒介发展与社会进步"、国家"985 工程"一期的科研攻关任务。2004 年，国家"985 二期工程"实施，批准了几十个国家级哲学社会科学创新基地的建设，新闻传播学的基地仅四个，复旦大学新闻传播与媒介化社会研究国家哲学社会科学创新基地名列其中。2007 年，新闻传播学获批为国家一级学科重点学科，拥有新闻学、传播学两个国家重点学科，是当时全国仅有的两所拥有新闻学和传播学国家重点学科的高校之一。2012 年教育部学科评估结果是，整体水平得分 90.0 分，名列全国第二，与并列第一的中国人民大学、中国传媒大学相差 2.0 分，领先第三名武汉大学 6.0 分。2015 年 5 月 21 日，依托新闻学院的新闻传播学科，通过上海高校高峰高原学科建设申报答辩，入选上海市高峰学科。2017 年，在全国第四次学科评估中名列 A 类学科。2019 年，新闻学院获批准为新闻学国家教材建设重点研究基地。

复旦大学新闻学院素有面向世界的传统，历来重视对外交流和国际化工作，积累了丰富的海外资源。这一时期，新闻学院先后与美国密苏里大学新闻学院、哥伦比亚大学新闻学院、弗吉尼

亚联邦大学（VCU）、南加州大学，英国伦敦政经学院（LSE）、
金史密斯学院，法国巴黎政治大学，澳大利亚墨尔本大学、悉尼
大学，奥地利维也纳大学、萨尔茨堡大学，德国慕尼黑大学，日
本早稻田大学、东京大学，新加坡南洋理工大学等40多个国家
和地区的一流院系建立了学生交流和项目合作关系。其中复旦-
伦敦政经、复旦-巴黎政大国际双学位项目分别开办于2007年和
2011年，是复旦大学新闻学院分别与伦敦政经学院（LSE）、巴
黎政治大学（Science Po）合作的硕士联合培养项目，旨在培养
具有复合视野和国际传播技能的高级专门人才。目前，新闻学院
70％以上的学生在学期间有一次出境出国交流学习或实习的机
会，在读外国留学生人数约占学生总数的五分之一。同时，学院
还通过举办各种国际学术研讨会、派遣教师出境出国讲学进修、
聘请外籍教师等方式，增进国际交流，开阔师生视野，实现优势
互补。在全国新闻传播重点学科评比中，复旦大学新闻学院的国
际化办学名列全国第一。

　　这一时期，新闻学院与新闻业界的联系进一步增强，获得业
界支持与帮助，提升新闻学院的实力。1992—1993年间，新闻
学院先后聘请到10位新闻业界领军人物以兼职的形式加盟新闻
学院。1992年4月3日，经校务会议同意，新闻学院聘请新华
通讯社社长穆青、国务院新闻办公室主任朱穆之、新华社副社长
郭超人、《解放日报》总编辑丁锡满、《解放日报》党委书记兼第
一副总编辑周瑞金、上海广播电视局局长龚学平、《新民晚报》
总编辑丁法章担任兼职教授。1993年7月14日，经校长办公会
议决定，新闻学院聘请人民日报社社长兼总编辑邵华泽、人民日
报社副总编辑李仁臣、《新体育》杂志社总编辑何慧娴担任兼职

教授。1994 年 10 月 26 日，新闻学院与东方广播电台正式签约，后者成为上海市首家有签约的教学实习基地。1995 年 1 月 13 日，上海市副市长龚学平被聘请为新闻学院名誉院长。

20 世纪 90 年代，新闻学院充分运用社会资源，设立或接受社会各类资助，以弥补高校教育经费之不足。1988 年，人民日报社在庆祝创刊 40 周年之际拨款 1 万元设立《人民日报》新闻教育奖学金，对象为品学兼优的新闻学专业在校本科生或研究生，旨在支持新闻教育事业，鼓励新闻战线的后来者刻苦攻读、奋发向上。复旦大学与中国人民大学一起，成为该奖项的试点单位。1992 年，新闻学院在系友帮助下，由台湾著名学者、香港盈亚发展有限公司董事长、国际文教基金会理事长南怀瑾资助，设立培养跨世纪新闻人才奖教助学金。同年 12 月，设立陈望道新闻教育奖。1995 年 4 月 8 日，新闻学院董事会成立，由贾树枚任董事长，同时设立中国复旦新闻教育发展基金，旨在借助社会力量、加快发展新闻教育事业。1997 年 5 月 29 日，设立蔡冠深复旦大学教育基金，首批基金 200 万元人民币立即到位并用于资助新闻学院发展。1999 年 1 月 14 日，设立博雅复旦新闻教育奖学金，全球最大的公共关系专业顾问公司——博雅公共关系有限公司创始董事长、被誉为"现代公共关系之父"的哈罗德·博森与复旦大学校长王生洪出席该奖学金的签约仪式。1999 年 6 月，为纪念著名新闻教育家、民治新闻专科学校的创办者顾执中先生，北京民治新闻专科学校出资 15 万元，设立顾执中新闻教育奖学基金。

进入 21 世纪后，新闻学院在中共上海市委宣传部和复旦大学的领导与帮助下，开创了"部校共建"这一中国新闻教育史上的创新机制，自 2013 年 12 月后开始在国内高校推广。

2001 年 4 月 21 日，中共上海市委副书记龚学平、市委常委兼宣传部部长殷一璀、副市长周慕尧等来复旦大学调研，就复旦大学和中共上海市委宣传部共建新闻学院一事进行商谈。12 月 24 日，中共上海市委宣传部与复旦大学新闻学院签订协议，共建新闻学院，同时建立由市委宣传部领导、上海市各大媒体负责人及复旦大学校院负责人组成的院务委员会，王仲伟担任院务委员会主任。

"部校共建"的最根本目标，就是要把复旦大学新闻学院建设成为以马克思主义新闻观为指导，以数字化新闻教学为手段，培养优秀的党的新闻宣传工作者、新闻教育和研究人才，国内领先、国际有影响的现代化新闻学院；建设成为上海市新闻宣传在职干部培训基地。为了达到这一目标，中共上海市委宣传部要充分发挥宣传部自身的政治、组织优势，上海主要媒体从业人员敬业、创新的实践优势，上海处于改革开放前沿的地域优势，从党的宣传思想工作和新闻事业发展的实际出发，对新闻学院的教学方向进行指导，对课程建设提出要求，并组织安排新闻学院学生的教学实习。复旦大学要发挥文理工医科兼有的综合学科优势，教学力量强的师资优势，调动校内资源，实行重点建设，加强组织领导。

为此，共建新闻学院的协议还规定了上海市委宣传部和复旦大学双方各自的职责。上海市委宣传部的职责是：（1）从政治上、政策上加强对新闻学院队伍建设、教学内容、人才培养的领导与指导，及时向新闻学院领导及骨干教师传达党的有关宣传政策、纪律及规定；（2）建立新闻学院教学基地，组织并指导学生到新闻单位实习，创造条件为教师提供接触实际、挂职锻炼的机会；（3）给予新闻学院在教学改革、队伍建设及教学条件改善上以必要、充分的物质支持；（4）向新闻学院输送需要培养的媒体工作人员；（5）选派有丰富实践经验又有相当理论基础的媒体工作人员到新闻学院兼职授课。复旦大学的职责是：（1）加强对师生的马克思主义新闻观的教育，加强思想政治教育，全面提高学生素质和师资队伍素质；（2）从新闻宣传工作的需要和学科建设的要求出发，组织教学改革，组织重大课题研究；（3）针对新闻宣传系统不同层次需求，主办决策管理层高级研修班、媒介管理专业硕士班等各种形式的职后培训；（4）组建专兼职结合的教师队伍，选派青年教师挂职进修；（5）建设国内最先进的教学、科研实验室和具有特色的资料室。

鉴于新闻学院的教学必须与国内外新闻媒体的知识进步与技术进步保持同步，才能达到国内一流、世界先进的要求，软、硬件建设均要有较大的投入，复旦大学在学科建设、科研经费和教学科研用房安排上给予新闻学院以倾斜；上海市委宣传部以项目投入方式给予支持，同时充分调动上海市新闻媒体的助教办学积极性，为新闻学院的教学改革提供必要的资金和设备。

2005 年 1 月，复旦大学新闻学院迁入面积达 50 多亩的新院区，教学楼、办公楼和图书楼等总建筑面积达 9 300 平方米。之后，21 层的复旦大学新闻学院培训中心、5 层的复旦大学新闻学院 - SMG 演播中心以及新闻传播学教学实验中心相继投入使用，硬件水平、教学环境均得到极大提升和改善；复旦大学校董、新闻学院校友屠海鸣捐资 300 万元参与改建的屠海鸣图书楼也竣工落成，面积达 2 800 多平方米，有 7 万多册的中外图书和 1 000

多种报刊以及一些珍贵的孤本，并设有全球报刊阅览室、电子采编实验室和网络中心等先进设施。

"部校共建"还有一个重要内容，即共建管理机制的改革创新。"部校共建"的管理机制，采取的是复旦大学新闻学院院务委员会领导下的院长负责制。院务委员会由中共上海市委宣传部领导、复旦大学校院领导，以及上海市新闻媒体单位领导组成，主任由市委常委、宣传部部长担任，副主任分别由学校和宣传部相关领导担任。之后，主任、副主任改为双主任、双副主任制，由市委宣传部和复旦大学相关领导分别担任。新闻学院院长人选，由市委宣传部向学校推荐，实行与学校其他院系领导同样的聘任制。2004 年后，文新联合报业集团党委书记兼社长赵凯、中共上海市委宣传部副部长宋超、解放日报报业集团党委书记兼社长尹明华先后担任院长。自 2017 年 9 月起，人民日报社原副总编辑米博华担任院长。

"部校共建"这一机制，给复旦大学新闻学院的发展提供了一个大好机遇，创新了新闻传播教育教学模式，促进了新闻传播业界与学界的互动，推进了新闻学院正在进行的新闻教育改革，成效显著。这一机制，后得到了中共中央宣传部的肯定与重视。2013 年间，中共中央宣传部派员来中共上海市委宣传部和复旦大学新闻学院进行现场调研。之后，中央有关领导不仅肯定了"部校共建"的做法及经验，还认为这一机制是可复制的。12月，中共中央宣传部、教育部印发《关于地方党委宣传部门与高等学校共建新闻学院的意见》的通知，要求在 2014 年基本实现每个省、直辖市、自治区的党委宣传部门都应和高等学校重点共建一个新闻学院。12 月 20 日，中宣部、教育部在复旦大学新闻学院召开现场会，总结推广上海市委宣传部与复旦大学共建复旦大学新闻学院的经验做法。中共北京市委宣传部与中国人民大学等10个省、直辖市的党委宣传部门与高等学校在会上签署了共建协议。

根据这一通知及相关文件的精神，实行"部校共建"机制，旨在推动加强马克思主义新闻观教育，创新新闻人才培养模式，促进业界与学界互动、教学与科研贯通、理论与实践结合，为党的新闻事业发展培养造就高素质后备人才。其主要任务有5项：（1）共建管理机构。成立由地方党委宣传部门主要负责人牵头，高等学校、新闻单位负责人以及新闻教育领域专家学者、资深编辑记者参加的新闻学院院务委员会，负责研究决定新闻学院发展规划、人才培养目标、人才培养机制改革、教师队伍建设等重大事项，指导和帮助新闻学院科学定位、办出特色、争创一流，在全国特别是区域高等新闻传播教育改革发展中发挥示范、引领和辐射作用。（2）共建精品课程。遵循教育教学规律和人才成长规律，按照更加注重马克思主义新闻观统领、更加注重学科交叉融合、更加注重职业道德培养、更加注重现代技术运用的原则，修订完善新闻学院本科课程体系，增强课程设置的科学性、时代性、针对性。将新闻单位负责人和优秀编辑记者单独授课、合作授课、开设讲座等列入教学计划，打造一批内容鲜活、贴近实践、学生喜爱的品牌课程。（3）共建骨干队伍。深入开展高等学校与新闻单位从业人员互聘工作，每年选派不少于5名新闻单位优秀编辑记者到共建的新闻学院兼职或挂职授课，选派不少于3名新闻学院骨干教师到新闻单位兼职或挂职。建立媒体与高等学校合作机制，充分利用高等学校优势，积极面向新闻单位从业人员开设骨干培训班、硕士研究生班等，提升编辑记者的理论素养、业务水平和学历层次。（4）共建实践基地。强化实践教学环节，成立由地方党委宣传部门牵头的专门工作小组，统筹协调新闻单位与共建高校建立相对固定的大学生校外实践教学基地，形成长期稳定的实习机制；协调落实共建新闻学院学生的实习单位、指导记者，跟踪实习进展、评估实习成效。有条件的地方，要大力支持共建新闻学院的基础设施，改善办学条件。（5）共建研究智库。以舆情调研、课题研究、咨询服务为重点，充分发挥共建高校新闻传播学科的学术优势和人才资源，将共建高校的新闻学院打造成为服务地方经济社会发展，特别是新闻事业发展的新型智库。优先支持共建高校新闻学院参与地方新闻宣传重大项目决策论证、重大课题研究等工作；以委托研究等形式，积极支持共建高校新闻学院搭建高水平科研平台，就深化马克思主义新闻观研究、中国特色社会主义新闻实践研究、中国特色社会主义新闻理论体系研究等重大课题进行协同攻关，推进新闻理论创新。紧接着，"部校共建"机制先被推广至北京、江西、湖南等10个地方，后不断增加，成为参与高校最多、合作面最广、学子受益最多的一种新闻教育机制。

第二节　从通识教育实践的开展到复合型
人才培养模式的确立

新闻学院成立后，随着改革开放的不断深入，新闻教育改革的步子也日益加快，创造了许多经验，取得了许多成果。

本科生通识教育实践的开展，是新闻学院新闻教育改革的一大重要成果。

这一成果的取得，与 20 世纪八九十年代之交复旦大学全校试行"通才教育"密切相关。20 世纪 80 年代前，中国高等教育一直坚持"专门化"的人才培养理念。在 20 世纪八九十年代之交，"专门化"教育思想被质疑，复旦大学校长谢希德提出要借鉴国际先进的本科生培养经验，试行"通才教育"。这一"通才教育"的理念，并非突然萌发的，在复旦大学是有历史传统的。首任校长马相伯在办校之初，便提出"囊括大典、网罗众学、兼容并收"的办学主张，提倡人文与科学并重的育人目标。此后，李登辉校长在 1933 年设置一年级的"共同必修课"的举措也充分体现了通识教育的思想。严复、夏敬观、高凤谦、吴南轩、章益等复旦的历届校长都着眼于全方位的育人理念。新中国成立后，经过 1952 年全国大学的院系调整，复旦大学文理科并驾齐驱，成为名副其实的高水平综合性大学，各专业师生共同浸润在"和而不同"的大学文化中。

1993 年底，复旦大学确立了"通才教育，按类教学"的教学思想，制定了"厚基础、宽口径、重能力、求创新"的本科生"通才"培养目标。为此，丁淦林发表《大学新闻教育的培养目标与课程体系应该怎样确定?》的文章，对 20 世纪 90 年代后新闻教学和新闻人才的培养提出新的要求："90 年代后期的新闻人才，应该更多地学习邓小平理论，更多地懂得一点经济，更多地了解一些外国情况。"强调对时政的敏锐度、知识的广泛性和视野的开阔性的培养。同时对于课程设置提出了 5 个思考：① 专业课程体系"通"和"特"的比重；② 两级核心课程的合理搭配；

③ 新课程设置的审核标准和筛选程序；④ 处理课程体系内部的衔接与配合关系；⑤ 本科同中学教育、研究生教育的前后衔接。

之后，学校拟订了新的课程体系方案，新闻学被划分为 13 类教学计划中的一类。据此，新闻学院本科生的课程架构，由普通教育、基础教学、专业教学三部分构成。学生必修的课程范围，不仅限于专业知识和技能，还涉及政治、品德、体育、军事、语言等多个方面。在专业教学上，除专业课程外，包括社会实践、生产实习和毕业论文。这一教学计划的目的，是使学生将专业知识与邻近学科知识结合起来，丰富拓展知识面，形成系统的知识结构，以增强综合素质与能力，提高对未来工作的适应性。事实上，新闻学教育课程体系经过长期实践积累，已经形成一套包含公共基础课程与专业课程、知识课程、实验课程、实习在内的课程体系框架，与复旦大学当时提出的通识教育理念并无冲突，但在此背景下得到了进一步的完善。

20 世纪 90 年代末，复旦大学开始深化学分制改革，调整课程结构，据此，新闻学院提出"复合教育观念"，强调新闻院校应该转变观念，端正心态，积极为其他专业培养新闻人才创造条件，同时放宽专业口径，让新闻传播学类专业学生真正具有"杂家"优势，并为外语、经济、管理、法律等其他专业参与新闻人才的培养腾出空间。进入 21 世纪后，学校对通识教育的重视程度进一步加深。2007 年，复旦大学开展全校性的通识教育大讨论，并确立六大模块的通识教育核心课程：文史经典与文化传承、哲学智慧与批判性思维、文明对话与世界视野、科学精神与科学探索、生态环境与生命关怀、艺术创作与审美体验。

这一时期新闻学院研究生教育的建设，以博士生教育为重点，其成果也最为丰硕。

一是建成了一支研究方向多元、综合实力强大的博士生导师队伍。1990 年 11 月 20 日，丁淦林经国务院学位委员会批准为博士生导师；1993 年 12 月 11 日，林帆经国务院学位委员会批准为博士生导师。之后，国务院学位委员会决定将博士生导师的审批权下放，各博士学位授予单位自行审批博士生导师。这一政策的改变，有助于新闻学院博士生教育力量的建设。李良荣、张国良、张骏德在 20 世纪 90 年代时先后被评定为博士生导师，刘海贵、孟建、黄旦、黄瑚、黄芝晓、陆晔、吕新雨、赵凯、程士安、殷晓蓉、张子让、顾铮等在 21 世纪初期先后被评定为博士生导师。此外，2002 年，早在 1993 年经国务院学位委员会批准为博士生导师的童兵从中国人民大学转入复旦大学新闻学院任教。

二是在招生、教学及培养等方面日趋成熟。在招生方面，根据当时社会对教育公平性的关注，博士生招生采取与传统高考相似的考试方式，即先通过初试（闭卷笔试）进行选拔，再通过复试（一般包含专业面试和外语面试）决定录取人选。2014 年后，根据教育部《2014 年招收攻读博士学位研究生工作管理办法》等文件的规定，除了普通招考这一招生方式外，新增硕博连读（招生单位从本单位已完成规定课程学习，成绩优秀，且具有较强创新精神和科研能力的在学硕士生中择优遴选博士生）、直接攻博（符合条件的招生单位在规定的专业范围内，选拔具有学术型推免生资格的优秀应届本科毕业生直接取得博士生入学资格）的招生方式。在这三种招生方式中，仍以普通招考即通过统一考试招生的方式为主要方式，绝大多数博士生都通过普通招考方式入学。2018 年下半年，根据教育部和学校有关推进博士生招生选拔改革的精神，新闻学院在招收 2019 级博士生时试行"申请－审核"制度，即对考生先根据其递交的材料进行筛选，合格者再接受能力测试，以期选拔出科研能力强而不是应试能力强的博士生。在教学与培养方面，新闻学院制订了博士生培养方案，明确规定新闻学博士生必须修读的各门课程，即必修新闻学课程 2 门、跨学科（即非新闻学课程）课程 1 门、马克思主义理论课程 1 门、第一外语课程 1 门、第二外语课程 1 门（后改为选修课程），此外尚须自行选修 2 门及以上的选修课程。博士生的研究方向也开始趋于多元，虽仍以新闻史论为主，但已扩展到应用新闻学、广播电视学、传播学理论与方法、传媒经营管理学等其他研究方向。

三是为国家培养了一批卓越的教学与科研人才。新闻学院招收的博士生人数，仅 1991 至 2009 年就有 305 名，毕业后大多数进入国内外各高校新闻院系或科研机构从事教学与科研工作，其中担任各高校新闻学院副院长、研究所副所长以上的有 50 多人。值得一提的是，新闻学院还在国内率先招收海外留学生。1993 年，韩国籍留学生车根锡被录取为博士研究生，师从丁淦林，1996 年毕业并获得博士学位，成为大陆培养的第一位外国籍新闻学博士。

2001 年 12 月"部校共建"后，正值传统传媒格局随着数字技术的发展而逐渐向媒介融合格局转型之时。鉴于此，新闻学院依托这一创新机制，顺应媒介融合大势，在本科教学上确立了应用型复合型新闻传播人才的教学目标。所谓"应用型复合型新闻传播人才"，是指具有坚定的马克思主义新闻观与高度的社会责任感、深邃的人文视野与宽广的跨学科知识面，系统掌握两个或两个以上不同学科的理论与实践技能并能将之合二为一，拥有多元的全媒体新闻传播实践理念且知识与技能并具的新闻传播人才。

据此，新闻学院推出了三项具有创新意义的教学改革举措：

（1）充分发掘与集纳社会资源，强化新闻传播实践教学环节，共建国内一流的实践教学平台。

① 共建教学实习基地，以确保新闻学院学生为期 6 个月的两次全日制教学实习课程的落实。2003 年 12 月，新闻学院与原解放日报报业集团、文汇新民联合报业集团（上述两集团现已合并为上海报业集团）、上海文广传媒集团（现为上海广播电视台）、人民日报社华东分社（现为上海分社）、新华社上海分社、中新社上海分社共建起 6 个教学实习基地。之后，新闻学院又与人民日报社、中央电视台、经济日报社等中央及外地新闻媒体以及新浪网等新媒体建立稳定的教学实习关系。其中与原文新报业集团共建的教学实习基地后被批准为教育部重点建设的 80 个校外实践教学基地之一。2004 年后，新闻学院与中共上海市委宣传部共同创新教学实习管理环节，以提高教学实习质量。教学实习工作由中共上海市委宣传部新闻出版处与新闻学院共同组织与协调，组建由中共上海市委宣传部副部长担任组长的教学实习领导小组。实习开始前，新闻学院与市委宣传部新闻出版处共同制定署名复旦大学新闻学院院务委员会的《教学实习实施意见》，由中共上海市委宣传部以该部文件的形式下发各新闻单位，布置实习任务。在实习期间，接受学生实习的新闻单位须指定一位副总编辑担任教学实习工作负责人，为每 1—5 名实习生配备 1 名

指导老师，具体负责对实习生的实习指导、日常管理等各项工作。在实习结束后强化实习评估，要求新闻单位对实习学生进行实习鉴定，学生回到新闻学院，必须提交实习小结、实习成果等实习材料，学院教学实习工作小组根据实习媒体的实习鉴定和学生提交的各项材料，组织由三位教师组成的实习材料评阅审核小组审阅上述材料。在审阅材料的基础上，学院组织教学实习答辩和汇报，以实习鉴定及其成绩为基本依据，结合答辩和汇报情况，给每位实习学生做出综合性的实习成绩评定。2009年，新闻学院在市委宣传部有关部门以及所属各新闻媒体的帮助下进一步建成一体化的教学实习体系，即把小实习、大实习两门全日制必修课程打通并做统一规划，强调实习单位高起点、实习内容全覆盖。"实习单位高起点"是指在市委宣传部帮助下让学生从"教学小实习"开始即进入主流权威媒体学习锻炼。"实习内容全覆盖"是指学生经过两次教学实习后能全面了解新闻传播内容生产的整个流程，掌握新闻传播内容生产过程中各个不同环节的基本技能。例如，在报刊类新闻媒体实习的学生，教学小实习的内容包括岗前培训1天、校对工作岗位实习1周、通联与群众工作岗位实习1周、采访工作岗位实习6周；教学大实习的内容分为必修和选修两大类：必修内容包括岗前培训1天、采访工作岗位实习14周、编辑（夜班）工作岗位实习2周；选修内容包括评论工作岗位、摄影工作岗位、新媒体工作岗位、总编办管理工作岗位、经营工作岗位等，学生可任选其中的一个岗位实习2周。自2016年起，新闻学院联合澎湃新闻网举办"记录中国"暑期专业实践项目。首届"记录中国"项目以"打赢脱贫攻坚战"为主题，自3月下旬开始策划，历经近4个月筹备，7月进入实施阶段，共组织 6 个项目组、4 位澎湃新闻网记者、7 位教师、27 名学生分赴云南、甘肃、贵州、安徽、浙江等 5 省 6 地开展实地采访，先后在澎湃新闻网上发表深度报道 14 篇。11 月，新闻学院第一届"记录中国"暑期专业实践项目入选 2016 年全国大中专学生"三下乡"社会实践"千校千项"最具影响力项目。

② 共建国内一流的实验教学平台——复旦大学新闻传播学实验教学中心。早在 1999 年 5 月，新闻学院在原有的电子排版实验室的基础上建立电子采编实验室，由 24 台计算机组成一个局域网，可实现网上信息采集、写稿、编稿、排版到输出报纸大样的电子化，为国内高校新闻教学之首创。"部校共建"后，新闻学院整合原有的摄影、广电和电子采编等实验室，建立起复旦大学新闻传播学实验教学中心。2005 年，新闻学院与原上海文广新闻传媒集团（SMG）合作，由后者投资在新闻学院院区内建立了产学研合为一体的"复旦大学新闻学院-SMG 演播中心"，拥有 3 个演播室和专供学生使用的实验室，面积达 2 200 平方米，上海文广集团的东方 CJ 频道迁入新闻学院的院区。这一共建成果，不仅为新闻学院配备了拥有当时国内最先进的广播电视实验设备的教学实验室，还使学生实习等实践教学活动步入日常化、实战化的新阶段。2006 年，传媒与舆情调查中心建成，成为以传播系为主体的学生开展各类调研活动的实战场所。至 2009 年，该中心建设资金总数达 7 491 万元，其中来自"共建"各单位的资金为 6 700 万元，来自教育部及复旦大学的资金为 791 万元。2009 年，该中心被评定为上海市级实验教学示范中心和国家级实验教学示范中心建设单位；后经评审、验收，2013 年被正式批准为国家级实验教学示范中心。2011 年，又与上海市外宣办

合作共建拥有国内最先进设备的上海市公共传播培训中心（ICT），总投资金额为250万元，其中上海市外宣办投资150万元。2017年6月，复旦大学上海新媒体实验中心主体空间建设竣工；2018年10月，上海新媒体实验中心全面投入使用。复旦大学上海新媒体实验中心是一个服务课堂教学与科学研究、促进学界和业界交流融合的多功能、开放式平台，有助于新闻学院推动新媒体环境下的教学培养与科学研究等各项工作。目前，新媒体中心已与阿里体育、网易、新浪、彭博新闻社和智慧树网等平台开展不同形式的合作。中心聘任多名海内外学业界著名专家学者担任顾问，引进专业技术及管理人员，陆续开展"数据挖掘与分析工作坊"等培训项目，为学界业界培养最前沿的新型业务人才。

（2）积极应对全面开放语境与媒介融合态势，共建为实践所需的课程体系与教学团队。在共建为实践所用的新闻传播课程体系与教学团队方面，新闻学院也推出了一些具有创新性意义的改革举措。

① 加强马克思主义新闻观教育，着力建设新闻传播学类各专业必修课程。"部校共建"的根本目的，就是要培养具有高度的社会责任感、让党放心、让人民满意的新闻传播后备人才。因此，新闻学院花大力气建设起一支以新闻传播学科带头人童兵教授领衔的5人教学团队（包括3名教授、1名副教授、1名讲师），使该课程形成理论与实践结合、马克思主义新闻观与其他新闻传播理论结合、理论研究与教学实践结合、专精与普及结合的教学特色，先后被评为上海市精品课程、国家精品课程、教育部网络共享课程。自2003年起，鉴于以传播者与受众双向互动

为基本特征的 Web2.0 时代的到来，新闻学院将这门课程向全校开放。由于童兵教授等授课教师在阐释马克思主义新闻观的同时勇于直面现实问题，善于运用马克思主义新闻观解析当下的新闻事件的报道与评论，因而该课程深受文理科学生，特别是文科学生的欢迎。童兵教授为首的教学团队，还在上海市新闻宣传系统开展马克思主义新闻观教育活动中发挥了重要作用，童兵教授在历次培训活动中担任主讲教师。近年来，新闻学院以马克思主义新闻观为龙头，重点打造和组建了一个"专业课程＋前沿讲座＋特色实践"三位一体的新型课程思想政治框架，将专业教育与思想政治育人融合，凸显思想政治育人价值。

② 开设媒介融合概论、融合报道等课程。为了顺应媒介融合趋势，让学生掌握新媒体时代所需的多元实践技能，新闻学院在国内率先引进美国密苏里大学新闻学院的教学成果，组织起一个几乎全部由青年教师组成的媒体融合课程群建设团队，自 2008 年起开设媒介融合概论、融合报道等全新课程，将新传播技术所引发的新的理念、知识框架以及实践方式等贯穿于教学体系之中。为了加强有关新媒体技术的教学内容，2015 年新增数据分析与信息可视化、媒介技术导论两门新闻传播学类各专业必修的专业基础课程。

③ 在"部校共建"后大量邀请业界精英来学院为学生做讲座，实施"课程创新工程""媒体进课堂"等项目，邀请媒体领导和业务骨干主讲必修课，并列入学生培养计划，旨在让学生及时获知当今新闻传播实践前沿的现状与趋势，提高学生的社会责任与专业素养。自 2009 年起将讲座活动课程化，开设新闻传播学类各专业的必修课程"新闻传播前沿讲座"，把国内外新闻传

播业界领军人物或精英人士的讲座纳入学生必修的常规教学体系之中。近两年来，新闻学院深化学院与新媒体的合作机制，新闻业界与新闻学界合作进一步加强，方向更为明确。2014年，新闻学院建立"复旦新闻大讲堂"，邀请业界人士莅临"复旦新闻大讲堂"给学生讲授新媒体前沿知识。如2014年秋季邀请腾讯公司网络媒体事业群总裁刘胜义，澎湃新闻网时事新闻总监、澎湃新闻产品总监孙翔等前来讲授新媒体运营经验。这种学界和业界知识结合的授课模式，让学生不仅在理论知识、学术能力方面得到帮助，而且在实践能力、业务能力方面也得到了很好的提升。2018年，澎湃新闻网与复旦大学新闻学院就非虚构写作进行互动探索，成立镜像非虚构写作工作室，向全国征集非虚构写作优秀文本。此外，双方还通过举办讲座、工作坊等形式多方位全面参与数据新闻人才的培养，不断提升学生的实践能力，打造新闻学院相关课程的实习基地，为数据新闻的发展培养更多、更全面、更优质的人才。除了"请进来"外，还采用"走出去"的方法，支持、帮助青年教师走出校门去新闻传播媒体等单位挂职锻炼，亲身参加新闻传播实践，提高教师的实战化能力。

（3）基于"大新闻传播"理念，共建跨专业、跨学科的培养模式。"部校共建"后，为了满足媒介融合时代对复合型新闻传播人才的需求，并基于"共建"单位对人才需求的反馈，新闻学院在经过近三年的精心调研和科学论证的基础上，在2008年确立了"大新闻传播"的全新教学理念，正式推出了全新的跨专业、跨学科的新闻传播教学培养模式。

第一步是打破新闻传播学类各专业的内部壁垒。先是从改革招生方式入手，实行新闻传播学大类招生，即把新闻传播学类各专业整合为新闻传播学大类进行招生，规定学生进校学习一年后（后改为进校学习两年后）再进行专业分流，旨在让学生对各专业有所感受、有所认识后进行自主选择，解决了以往高中阶段进行专业选择的盲目性与不合理性。接着，废止各专业原有的教学培养方案，制订适用各专业的新闻传播学（一级学科）教学培养方案，实行跨专业的新闻传播学大类教学模式。在课程设置上，新教学方案设计出 3 个递进式层级：一是新闻传播学大类必修课程，包括马克思主义新闻思想、媒介融合概论等课程，旨在为新闻传播学各专业学生打下一个厚实的新闻传播学科的理论与知识根基；二是新闻传播学大类选修课程，按照新闻与信息的生产与传播的实际状况分为新闻传播、艺术传播、公共传播、商业传播4 个模块，供新闻传播学各专业学生自主选择与修读；三是新闻传播学类各专业必修课程，供各专业学生修读，其学时及学分数削减至 20 个左右（新闻学专业经削减后仅为 18 个学分）。此外，新教学方案还规定，任一专业的必修课程必须作为其他专业的选修课程对其他专业学生开放。

第二步是充分利用复旦大学作为一所综合性大学所拥有的多学科教学资源，实行 2+2 跨学科教学培养模式。2+2 跨学科教学培养模式，是指把四年制本科教学培养过程分成 2 个为时 2 年的阶段：在第一个"2"阶段（即第一、第二学年），要求新闻传播学各专业学生任选 1 个非新闻传播类专业，并系统修读该所选专业的主要课程；在第二个"2"阶段（即第三、第四学年），要求学生在系统修读了一门非新闻传播类专业的主要课程的基础上，进一步修读新闻传播学科的各类课程，并在教师的指导下完成所学两个专业的理论、知识与技能的复合。目前，可供学生选择的跨学科专业有社会学、经济学、法学、中国语言文学、政治学与行政学、国际政治学、行政管理学、电子信息科学与技术等8个。

2013年，黄瑚、程士安、张涛甫、廖圣清、吕新雨、宋超、黄芝晓、赵凯、杨敏9人申报的本科教学改革成果"依托'部校共建'机制，培养媒介融合时代新闻传播人才"，获上海市级高等教育教学成果奖特等奖；翌年，获国家级高等教育教学成果奖二等奖。

在研究生教育方面，新闻学院依托共建机制，聘请新闻单位负责人、资深记者编辑等担任校外导师，建立"双导师制"。校外导师与学院导师共同带教研究生，共同指导选课、实习、撰写毕业论文等。"双导师制"整合学院和媒体教育资源，实现学界与业界优势合璧，是培养应用型高级新闻传播人才的有效途径，受到学生普遍好评。校外导师工作常态化，为选聘优秀记者编辑兼职或挂职任教积累了经验。此外，有的研究生课程采取合作授课形式，如硕士课程财经报道采访和财经报道写作邀请《解放日报》《第一财经日报》有关负责人共同讲授，以取长补短，提高教学质量。甚至还有个别课程由业界人士单独授课，如英语编辑课程邀请《上海日报》总编辑张慈赟主讲等。为提升记者编辑理论素养，从2002年开始，复旦大学新闻学院依托"部校共建"机制，开设了硕士研究生单独考试班，其学员均是由本市各新闻单位推荐、经考试录取的业界青年骨干。截至2016年，单考班举办了15届，为上海各主要新闻单位培养了近300名硕士毕业生。新闻与传播硕士专业学位研究生的培养，自2011年开设以来，在课程设置上依托"部校共建"资源优势，突出实务性，强

调尊重专业经验，在实务类课程方面聘请新闻传播业界专业水准
一流的实务家担任授课教师，并建立具有实效的校内外双导师
制，鼓励校外导师参与专业硕士研究生培养全过程。为适应专业
硕士研究生实习实践的需求、加大学生实践能力的培养力度，新
闻学院与校外单位合作成立了两个实践基地：与上海广播电视台
合作建立"复旦大学新闻与传播专业学位研究生专业实践基地"，
为上海市教委资助建设实践基地项目；与陆家嘴金融城人才发展
中心合作，成立"复旦大学新闻与传播专业学位研究生专业实践
基地"，联合培养"新闻与传播（财经新闻方向）"专业学位硕
士研究生。

第三节　学术研究、社会服务及其重要成果

　　1988 年至今，新闻学院在学术研究、社会服务等方面，依
托各学术研究机构，取得了极为丰硕的成果，其中不少成果具有
较大的社会影响力。

　　新闻学研究所是复旦大学新闻学院最早成立的科研机构，
1988 年与学院同时成立，丁淦林任所长，夏鼎铭任副所长。该
所聚集了一批致力于新闻史研究的优秀学者，承担了多项国家级
和地方科研项目，如宁树藩的"传播与中国城乡现代化"、余家
宏的"中国社会主义新闻学"、丁淦林的"新闻媒介与上海工
人"、徐培汀的"中国新闻学术发展史"、秦绍德的"报禁开放后
的台湾报业"、宁树藩的"中国地区比较新闻史"、夏鼎铭的"建

国以来新闻政策研究"等。其中宁树藩的"中国地区比较新闻史"在 1992 年立项，由 39 位作者共同完成。宁树藩将项目成果反复修改、打磨，直至 2016 年去世，后由副主编秦绍德等修订、整理后于 2018 年 9 月正式出版，历时 26 年。这部论著的独创性，在于它从横向上即从地区比较角度来考察 1822—2000 年中国新闻事业的发展变化，是一项规模宏大的系统性工程，在中国新闻史研究领域具有里程碑的意义。

在建院初期，新闻学院还与新闻业界合作，利用业界资源开展科研活动。1993 年，发起评选《华东企业报》好新闻活动，由新闻学院对入选优秀作品进行评析，得奖作品后结集为《〈华东企业报〉好新闻作品选评》一书，由复旦大学出版社出版。1994 年 6 月 21 日，新闻职业道德教育与人才培养研讨会由上海市记协和复旦大学新闻学院联合召开。5 月 19 日，新闻学院举办迎接 21 世纪中国新闻业务学术研讨会，来自全国各地 80 多位专家和新闻界领导出席会议，中宣部副部长龚心瀚发来贺词。1996 年 3 月 12 日，由上海市报业协会、广东省报业协会和复旦大学新闻学院联合主办的全国报业经营管理现状与发展学术研讨会在上海召开。1999 年 11 月，复旦大学新闻教育七十周年庆典暨首届京沪新闻学术研讨会、第六届全国传播学术研讨会在新闻学院召开。

2000 年，复旦大学信息与传播研究中心成立，张国良任主任，是当时高校中唯一的传播学研究基地。该中心在张国良教授主持下，聚焦于新技术环境下的传播效果研究、当代传媒研究、大众媒介与文化研究、传播实践与观念史研究等研究领域，并致力于传播学本土化工作，提出了"新闻是一种信息""传播与信息互为表里""媒介议题设置宜领先半步"等创新性观点，发起成立我国传播学界的第一个学术社团——中国传播学会，首创我国高校主导的综合性、连续性、国际化的传播学研究平台——中国传播学论坛。该中心由黄旦接任主任后，结合剧烈变动的社会现实与新闻传播新现象，聚焦三个重大问题：第一，紧紧围绕新技术引发的传播革命，集中于研究全球化、新技术、城市化所带来的人类社会交往形态上的重大变革，在学术上回应当前中国新媒体崛起、城市化进程的现实需求。第二，创新传播学研究的机制，搭建新媒体、城市传播研究的跨界平台，聚合各方力量，推进研究成果的社会化，回应国家建设的重大需求。第三，立足中国经验场域，重构传播及其研究范式，回应中国传播学科建设的切实需求。2016 年，信息与传播研究中心在教育部人文社科重点研究基地的测评中获得优秀成绩，是新闻传播学科唯一获评优秀的研究基地，在全国新闻传播学科研究基地中排名第一位，在全国 151 个研究基地中总分排名第四位。

2006 年，童兵领衔的复旦大学新闻传播与媒介化社会研究国家哲学社会科学创新基地成立。该创新基地自挂牌以来，聚焦于当代媒介发展研究、媒介化社会研究、传播行为研究、传播社会调控研究等研究领域，近年来致力于马克思主义新闻观的研究。该基地下设复旦大学传媒与舆情调查中心、复旦-金史密斯纪录影像研究中心等调查或研究机构，并邀请数十名海内外知名学者驻基地访问、交流，资助 30 多名讲师、博士后、博士进行课题研究与学术交流。该基地多次举办学术论坛，如"技术与制度：中国传媒改革开放三十年"国际学术研讨会（2008）、"全球数字出版教育与出版产业研究高级论坛"（2009）、"突发公共事件新闻报道与大众传媒社会责任学术研讨会"（2010）、"中国未来文化发展与软实力建设学术研讨会"（2011）、"2012 年传播变革与中国传播学教育学术研讨会"、"马克思主义新闻观与中国媒介化社会建设研讨会暨第二届民意中国论坛"（2016）等，均在社会上和新闻传播学业界与学界产生了较大影响。

该基地还同时充分发挥一个跨学科、跨部门、国际性的研究实体的社会服务功能，基地下属的传媒与舆情调查中心，不仅组织开展过多项重大传播学研究课题，而且还积极配合中宣部、上海市委宣传部等新闻传播主管部门，组织了 70 多项针对国内外重大事件和重大突发性事件的社会舆情调查。仅 2009 年，传媒与舆情调查中心利用"CATI"（电脑副主的电话随机抽样调查）实验室，在上海市和全国范围内开展舆情调查 10 余次，包括上海市民对 2009 年全国两会认知及其意见舆情调查、上海市青年价值观和无私精神调查、金融危机下上海市文化消费调查、全球民意调查 2009（全国调查）等。该基地的相关调查报告，一般报送中共中央宣传部、中共上海市委宣传部等部门，也有部分调查结果被新华网、《东方早报》、《新民晚报》等主流媒体采纳并公开发表。

2012 年 12 月，由复旦大学发展研究院、复旦大学新闻学院主办的复旦大学传播与国家治理研究中心成立，由李良荣担任主任，是国内首家以"互联网与国家治理"为方向的研究机构。该中心在宣告成立的同时即召开第一届传播与国家治理论坛，初战大捷。2014 年，在此基础之上，复旦大学国家网络能力建设协同创新中心宣告成立，由李良荣担任主任。该协同创新中心从"安全、治理、发展"三个方面，就网络舆情与国家治理、全网络时代的社会治理、基于网络的公共危机预测与治理、全球网络空间安全与秩序四个方向，为国家提供包括战略研究报告、政策咨询报告、事件分析报告、具有核心自主知识产权的分析模型和软硬件产品等。近年来，该中心以网络空间研究为抓手，在网络社会心态、国内与国际舆情、网络理政、网络空间安全四个方向形成了国内领先的特色研究方向，发布多份调查报告，如《中国网络社会心态调查报告（2014）》《中国网络社会心态调查报告（2018）》《互联网与大学生系列研究报告（2015）》《中国省级政府网络理政报告（2014）》《中国省级政府网络理政报告（2015）》《中国省级政府网络理政报告（2016）》等，完成《国外网络理政案例研究汇编（2016）》《国外网络理政要点综述》《中国网络理政十大创新案例（2016）》《中国网络理政十大创新案例（2017）》等重量级研究成果，"网络理政"作为一个全新概念引发政界、学界高度关注。

2015 年，复旦大学国家文化创新研究中心成立，由孟建任主任，是文化部在复旦大学创建的文化创新研究基地和文化战略研究智库。该中心本着服务于国家文化战略的精神，从整体上把握国家文化创新研究，形成侧重于综合性文化战略研究，致力于建设成为全国领先、具有国际影响力的国家文化创新研究基地和人才培养基地。该中心成立以来已在"新媒体文化与当代中国发展"和"文化创新：传播变革与数据科学"两个学术领域取得了诸多研究成果，完成了文化部"文化创新人才培训班"等重要培训工作，完成了"G20 峰会：杭州市整体形象建构与传播战略研究""宁波'十三五'文化发展战略规划"等一批重要项目，其中联合国教科文组织委托的"'亚洲文明对话'基础研究"重要项目的成果受到该组织高度评价。

目前，复旦大学新闻学院共设 17 所科研机构。其中，国家"985 工程"创新基地 1 个，下属平台 2 个；教育部人文社会科学重点研究基地 1 个，其他国家部委级研究基地 2 个，市厅局级平台 1 个，校级 2011 协同创新中心 1 个，校级研究中心（含虚拟研究中心）9 个。新闻学院依托各科研机构申报的科研项目占据主导地位，个人项目也为数众多（见表 6-1）。

表 6-1 21 世纪以来复旦大学新闻学院院系科研机构汇总表

编号	科研机构名称	类　别	负责人	批准时间
1	新闻传播与媒介化社会研究国家哲学社会科学创新基地	国家"985 工程"创新基地	童兵	2004 年 11 月 1 日
2	复旦大学信息与传播研究中心	教育部人文社会科学重点研究基地	黄旦	2000 年 12 月 1 日
3	复旦大学国家文化创新研究中心	其他国家部委级研究基地	孟建	2015 年 5 月 1 日
4	全国大学生舆情调查与研究基地	其他国家部委级研究基地	童兵	2013 年 4 月 28 日
5	复旦大学上海新媒体实验中心	市厅局级平台	尹明华	
6	复旦大学国家网络传播协同创新中心	校级 2011 协同创新中心	李良荣	2014 年
7	复旦大学-清华大学中国特色社会主义新闻学教学研究基地	校级研究中心	尹明华、童兵	2016 年
8	复旦大学新闻学研究所	校级虚体研究中心	黄旦	1988 年 6 月 1 日

编号	科研机构名称	类　　别	负责人	批准时间
9	复旦大学国际出版研究中心	校级虚体研究中心	曹晋	2006 年 6 月 1 日
10	复旦大学视觉文化研究中心	校级虚体研究中心	孟建	2006 年 9 月 1 日
11	复旦大学国际公共关系研究中心	校级虚体研究中心	孟建	2005 年 1 月 1 日
12	复旦大学媒介素质研究中心	校级虚体研究中心	谢静	2006 年 6 月 1 日
13	复旦大学新媒体研究中心	校级虚体研究中心	杨鹏	2006 年 6 月 1 日
14	复旦大学媒介管理研究所	校级虚体研究中心	朱春阳	
15	复旦大学国家文化创新研究中心	校级虚体研究中心	孟建	2015 年 10 月 1 日
16	传媒与舆情调查中心	"985"基地下属平台	童兵	2006 年
17	当代西方马克思主义研究中心	"985"基地下属平台	童兵	2006 年

　　科研先行，以科研促进教学，是复旦大学新闻学院在科研上的一个传统特点。编写与出版为提高教学质量所急需的教材，是这一特点的具体表现之一。教师们对新闻事业的探索很快就化为一部部教材出版。新闻学、传播学、广播电视学和广告学等各类教材百花齐放，不少教材沿用至今，成为专业经典教材。

　　新闻学院在创建初期，除了继续完善上述《新闻学基础教材丛书》外，还又推出了《电视业务系列丛书》《宣传学丛书》《新闻学高级教程丛书》《新闻与传播学系列教材（新世纪版）》《新闻传播学研究生核心课程系列教材》等，均为国内率先出版的新闻学与传播学系列成套教材，覆盖面遍及新闻传播学科的各研究领域，为兄弟院系专业普遍采用，影响广泛。其中有张骏德、刘炳文编写的《新闻采访原理与技法》，陈继超、张骏德著《摄影基础知识与技能》，童兵著《马克思主义新闻思想史稿》，李良荣主编《宣传学导论》，张骏德、石镇国编著《新闻写作阶梯》，刘炳文与张骏德合著《新闻写作创新与技巧》等多部教材，新闻学理论与实践业务探索日益深入。20 世纪 90 年代以后，周胜林著《高级新闻写作》（1993），刘海贵著《当代新闻采访》（1997）、《新闻采访教程》（2002），丁淦林主编《中国新闻事业史新编》（1998），黄瑚著《新闻法规与新闻职业道德》（1998）等高质量教材不断涌现。

值得注意的是，在新世纪初涌现出一批传媒产业、媒体营销学方面的教材，如朱春阳著《传媒营销管理》（2004），张志安与柳剑能著《媒介营销案例分析》（2004），赵曙光与张志安著《媒介资本市场案例分析》（2004），颜志刚著《数码摄影教材》（2005），张殿元著《广告视觉文化批判》（2007）等。传播学教材建设也取得了很大进步，在国内具有很大影响力的《大众传播社会学》（1989）、《传播学原理》（1995）、《现代大众传播学》（1998）、《20世纪传播学经典文本》（2003）等先后出版，均为信息与传播研究中心主任张国良及其领导的研究团队的研究成果。

这一时期，不少中青年教师在学术研究上崭露头角，入选教育部的新世纪优秀人才计划和长江学者奖励计划等国家级重大人才工程项目。新世纪优秀人才计划设立于 2004 年，主要资助 45周岁以下的高等学校优秀青年学术带头人进行教学改革和创新性研究，张国良（1999）、吕新雨（2007）、陆晔（2008）、张涛甫（2011）、谢静（2012）、曹晋（2013）等先后入选。长江学者奖励计划设立于1998年，张涛甫（2014）入选为西藏大学特聘长江学者，周葆华（2015）、朱春阳（2017）入选为青年长江学者。此外，2013年2月，顾铮应邀担任第56届世界新闻摄影比赛（World Press Photo，通称"荷赛"）终审评委，成为首位进入荷赛终审阶段评审团的中国评委。

这一时期，新闻学院教师主持的国家级及上海市各类纵向及横向项目，仅从1991年以来，国家哲学社会科学基金项目58项，教育部人文社会科学研究项目33项，上海市哲学社会科学规划课题27项，共计711项。其中，国家哲学社会科学基金重大项目有：童兵主持的课题"坚持马克思主义新闻观与完善舆论引导格局研究"（2012）、秦绍德主持的课题"'走基层、转作风、改文风'与加强和改进新闻舆论工作研究"（2012）和刘海贵主持的课题"我国文化走出去工程的政策体系优化研究——以电影、电视剧、动画和出版为样本的比较分析"（2012），一年获批3项国家社会科学基金重大项目，创新闻学院历史的纪录；孟建主持的课题"国家形象建构与跨文化传播战略研究"（2014）；李良荣主持的"中国特色社会主义新闻传播理论的构建"（2016）；朱春阳主持的课题"中国文化走出去'提质增效'研究"（2017，属国家社会科学基金艺术学重大项目）；孟建主持的课题"网络与数字时代增强中华文化全球影响力的实现途径研究"（2018）。教育部哲学社会科学研究重大课题攻关项目有：陆晔主持的课题"媒介素质教育理论与实践研究"（2004）；黄芝晓主持的课题"大众传媒与化解社会风险研究"

(2007)；翁铁慧、李良荣主持的"网络群体事件的引导和防控对策问题"（2013）；米博华主持的课题"习近平总书记关于新闻工作的重要论述"（2018）。

这一时期，新闻学院在新闻理论、传播理论、传播学实证调查、视觉文化与传播等研究领域居于国内领先水平，产生了一批广有影响的创新性学术成果。近 5 年来，学院教师公开发表学术论文 960 余篇（其中 CSSCI 期刊论文 280 篇），出版学术著作 75 部，撰写各类研究或决策咨询报告 340 余篇。另有 70 余项科研成果获得各级各类奖励，其中教育部高等学校人文社会科学研究优秀成果奖（文科最高奖项）2 项、上海市哲学社科优秀成果奖（含邓小平理论研究和宣传优秀成果奖、中国特色社会主义理论体系研究和宣传优秀成果奖）25 项。

这一时期，复旦大学新闻学院的科研影响力，还体现在其主办的学术刊物《新闻大学》的成功出版上。创办于 1981 年的《新闻大学》自 1999 年起对稿件实行专家匿名评审制度，学术声誉和质量与日俱增，2002 年起入选"中文社会科学引文索引"来源期刊，2017 年全国第四次学科评估中与《新闻与传播研究》《国际新闻界》《现代传播》一起被认定为国内新闻传播学 A 类刊物。《新闻大学》2012 年 1 月由季刊改为双月刊，2019 年 1 月再次改版为月刊，张涛甫任主编，其微信公众号"新闻大学"同时上线发布。

后　记

　　复旦大学新闻教育自创办至今已整整 90 年了，应该写一部它的历史了。《复旦大学新闻学院简史》的撰写，正是出于这一想法，并作为庆贺复旦大学新闻学院成立 90 周年的献礼。

　　《复旦大学新闻学院简史》，粗线条地勾勒了一条复旦大学自 1924 年开设新闻学课程到 1929 年建立新闻学系直至 1988 年建立新闻学院至今的 90 多年的发展轨迹，简要地描绘出一幅复旦大学新闻教育的全景图。由于资料积累不够与写作水平有限，这部简史存在诸多问题，也有不少舛误之处。敬请复旦大学新闻学院师生、校友以及其他读者诸君见谅，并诚望批评指正，以利修改。

　　《复旦大学新闻学院简史》的撰写人有：黄瑚、陈媛媛、葛怡婷、赵星、杨舟、刘艺。《复旦大学新闻学院简史》的撰写，得到了新闻学院院长米博华教授、执行院长张涛甫教授等领导的支持与帮助，使用了章灵芝、王婷婷、刘畅等新闻学院同事提供的院史资料，特别是新闻学院历届本科生在修读中国新闻传播史课程期间收集、整理的院史资料，在此致以衷心的感谢！

　　是为后记。

作　者

2019 年 7 月 10 日